世界哲學史 4

中世 II 個人の覚醒

中世紀篇（II）
中世紀哲學的重生：個人的覺醒

伊藤邦武／山內志朗／中島隆博／納富信留 主編
鄭天恩 翻譯
山村奨 監譯

目次

contents

PROLOGUE

前言

山內志朗

世界哲學史的可能性究竟存在嗎？康德（Immanuel Kant）在探討「先驗」（a priori）判斷的可能性時，引用數學命題作為具體範例，指出這就是先驗的總體判斷，因此這樣的命題是可能的。同樣地，要說明世界哲學史的可能性，我們仍需具體範例來證明。

世界哲學史是一個持續進行的過程。在「世界哲學史」系列套書中所展開的「世界哲學」概念，並非僅僅是簡單的資料彙整或收集。它也不僅僅意味著普遍概念中的「世界」這一抽象事物，更不是對哲學作為絕對精神之流的總結與整理。世界哲學史的目標，並不是全然無差異或無個體性的普遍整體性，而是一種包含多樣性的多元視角。

世界文明的誕生，與人類集體定居於大河流域、建立集權的條件密切相關；而哲學，則有希臘這一源頭。如果僅僅從希臘出發，將哲學視作對知識的狹隘探索，那麼其範圍不管如何，都會是有限的。事實上，直到十九世紀為止，哲學的討論幾乎都侷限於西方世界。

然而，「世界哲學史」企圖探討的，並非這種狹隘的哲學範疇。同時，這也引發了一個新問題：這種廣義的「哲學」究竟從何處顯現？又是如何呈現出來的呢？

人類對原理與起源的追尋，展現出一種無法僅從直接影響關係來推斷的結構性對應。例如，日本的鎌倉佛教與西方的托缽修道會運動，雖然兩者之間不存在直接影響的關聯，卻無法僅視作偶然，而是展現了一種深層結構上的對應。更精確地說，這或許不是單純的偶然現象。

若要將這些現象作為應當深入探究的問題，我們便不能以地理區域的限制來理解哲學的發展，而應以共時性的思想排列來整體鳥瞰。同時，我們也必須考量知識矩陣化、網格化的整理方式，因為知識的分布不能只沿著單一時間軸來整理。

鎌倉佛教與托缽修道會這兩場運動，分別出現在歐亞大陸的東端與西端。邊境常常成為新思想的搖籃。當我們回溯哲學的起源時，邊境孕育新哲學的現象，賦予了我們一個全新的視角，讓我們得以重新審視此前未曾關注的思想史配置。

本書是「世界哲學史」系列的第四冊，將以十三世紀為主舞台，探討參與其中的各思想流派，並展示位於歐洲中心的哲學群體與邊境思想之間的多樣配置與互動。

CHAPTER

one

第一章 城市的發達與個人的覺醒

山內志朗

都市の発達と個人の覚醒

一、十三世紀與哲學

十三世紀的哲學

十三世紀的「哲學」是什麼？將其置於世界哲學的脈絡下，又具備什麼樣的意義呢？十三世紀是「中世紀」的巔峰時期，或許從這裡開始說起是合適的，儘管這個切入點隱含著一些陷阱。因為當我們使用「中世紀」這個名稱時，往往會認為它源於「古代西方與近世西方之間」，從而使視野被侷限於西方地區。

在這個時期，歐洲在世界歷史中的存在感急劇增強，哲學創造力也相當顯著，因此稱其為「西方哲學的時代」並不為過。因此，本章將接受「中世紀」的時代劃分，並將主題限定在西方。然而，我們仍然會產生疑問：這個時期的思想運作，是否真的能被限制為「哲學」？或者，與其稱之為「哲學」，是否更接近於基督教神學？

若從「哲學」的角度來看，就不得不強調希臘哲學的延續與影響。然而，僅以哲學的視角來解釋中世紀思想，仍然是一種偏見。我們究竟應該關注哲學，還是重視中世紀的獨特基督教神學？無論選擇哪條道路，都難免遭到研究者的批判。此外，有一個與中世紀息息相關的概念，即「十二世紀文藝復興」。十二世紀是英雄故事與騎士精神、亞貝拉與哀綠綺思轟轟烈烈的戀情，以及歐洲認同得以確立的時期。此外，翻譯、科學技術、貿易、十字軍、阿拉伯學術的輸入、科學復興，以及吟遊詩人（Troubadour）的登場，還有浪漫愛的出現，都使得十二世紀成為一個充滿多彩話題的時代。

十二世紀是成長的時代，而十三世紀則是西方中世紀的最盛期。在歷史定位上，這個時期具有怎樣的意義？哲學史的潮流又如何與之呼應並行動？本冊的目的之一就是解釋這個問題。

這一時期見證了城市的發展、商業的成長、教育的進步以及大學的興起，托缽修道會的成功也顯示了各方面的顯著進步。這是歐洲在多個領域大規模發展的時代，開始邁向世界歷史舞台的中心。同時，這也是對「世界體系由亞洲整體構成，歐洲不過是大陸西端的邊陲」這一觀點的否定，標誌著西方影響力的急劇增長。

就十二世紀的哲學而言，雖然出現了安色莫和亞貝拉等少數獨立的思想家，但整體來看，這個時期較偏向於吸納過去與外來思想，而非歐洲思想的獨立積累期。到了十三世紀，則是獨立思想大量產出並迅速累積的時代。因此，若從多瑪斯．阿奎那塑造的中世紀經院哲學的黃金時代來看，不能簡單地將十三世紀以後視為文化急速衰退的時期。

讓我們試著將目光投向世界吧！即使我們不能確定在世界各地都出現了與西方中世紀思想崛起相應的現象。在印度，十二世紀出現了羅摩奴闍等思想家，但很難說那是一個哲學的繁榮期。在中國，朱子於一二〇〇年逝世後，十三世紀也並沒有出現大規模的思想潮流。

然而，在這一時期的日本，卻出現了法然、榮西、明惠、道元、親鸞、一遍等眾多思想家。因此，這反而是一個在大陸的西端與東端，雖偏居一隅，卻充滿哲學激盪的時代。這個邊陲或許不僅僅是簡單的邊陲，而是超越世界的部分構成，隱含著巨大的動能。

大學與哲學

十三世紀，大學在巴黎、波隆那和牛津等地相繼成立，為西方學術形態帶來了根本性的變革。當時的大學通常由神學、法學、醫學和文學四個專業學院組成，學生首先需完成以「自由學藝」為核心的基礎教育，然後再進入專業學院接受進一步的培訓。在這四個學院中，文學院以亞里斯多德的著作為主要教材，因此又被稱為「哲學院」，顯示出其獨特性。此外，神學院的學生若要獲得「神學教授」的最高資格，必須不斷積累聽課、授課及討論的經驗，前後至少需要十五年的時間。然而，神學教授的資格在國際間通用，這樣的學制促進了歐洲學術的傳播與標準化。因此，可以說大學的成立對學術知識的發展與流通起到了重要的推動作用。

由於文學院的學術基礎建立在亞里斯多德的著作上，這種影響深刻地觸及了神學領域，因此引發了一個重要的問題：哲學與神學、自然與恩典之間的關係究竟是什麼？畢竟，亞里斯多德的知識體系由多種方法論（如《工具論》）以及基於這些方法論的哲學著作所構成，而這些理論與神學思想之間存在許多不匹配之處。

集結正統神學思想典故的《命題集》在十二世紀以後被大量編纂，但所處理的仍然是基督教固有的論點。神學院的授課內容主要集中在聖經課程與《四部語錄註解》，特別是後者的編纂形式，可說是神學研究的基本模式。儘管這樣的知識再生產模式乍看之下顯得相當守舊，我們卻不應忽視其中運用傳統材料、並在討論中提倡新思考方法的技術革新。即使是老師的觀點，也不必完全接受，而應保持批判的態度，提出自己的獨特見解。

由於神學教授資格的國際通用，這促進了人文交流的興盛，並導致研究據點的流動。知識隨著這些流動而傳遞並擴散增殖。即使在知識的傳達形式上，討論和註解的使用也引發了各種見解的提出。學說的積累開始形成；這種積累促進了分類，隨著各種學說和見解的整理，在十四世紀後開始急速發展。

雖然多瑪斯・阿奎那（Thomas Aquinas, 1225-1274）的《神學大全》採用了較易理解的敘述文體，但在其他著作中出現的學說則異常繁多（例如定期討論的《真理論》），其內容的難解與細緻程度更是難以與《神學大全》相比。鄧斯・司各脫（Duns Scotus, ca. 1265/6-1308）被稱為「精妙博士」，他的哲學思想以其難解著稱，而比他更為精密繁瑣的神學家則不計其數。新的學說不斷累積，熱烈的討論持續增長，最終推動了「學說史」的發展。

不過，對於全四卷的《四部語錄註解》的授課，這是成為神學教授的必要條件，因此這種授課不僅意味著對主要學說的理解和記憶，還包括論駁以及附加自己的新學說。隨著時間推移，學說的數量不斷增加，如果在學習期間無法徹底讀完，這些學說就難以以學術的形式被繼承。到了十五世紀，《四部語錄註解》的授課形式逐漸被淘汰，因為其內容的量已達到極限。然而，隨著活字印刷術的出現，書籍成為新的記憶媒介，這一情況發生了變化。當目次、索引和標題的設置使檢索變得更為便捷，人類的知識不再需要依賴記憶來保存。在中世紀的哲學環境中，這為追求近世哲學提供了嶄新的可能性；這種環境的變化也是值得深入思考的要素。

無論如何，十三世紀建立了由四種學院組成的大學，確立了以拉丁語為表達形式並在歐洲全境流通的學術體系，從而推動了歐洲在文化、政治和經濟上形成強大的共同文化圈。這一時代的變化是相當重要的，因此，我們應該在文化環境的變遷中理解十三世紀的重要性。

最後要問的是，這種文化環境的劇烈變化，是否僅僅是歐洲的特殊現象呢？確實，從目前所見的論點來看，當時的文化變遷似乎是歐洲特有的產物。然而，我認為還應該有其他的考察軸，那就是「城市」這一論點。事實上，「城市」並非歐洲的獨特產物，當我們從歷史的長河來看這種普遍存在於世界各地的聚居形式時，便會發現「城市」對人類生活具有決定性的影響。因此，我認為應當從城市與哲學發展的密切結合來思考十三世紀哲學的發展趨勢。

二、「城市」的聚居形式

作為文化形式的城市

儘管中世紀神學的主要主題，例如三位一體（Trinity）、稱義（Justification）、功績（Merit）、聖餐變體（Transubstantiation）等，始終有著不少討論，但在探討中世紀與近世[1]的連結時，常常將中世紀視為「壓抑人性與個性的時代」，這樣的結論屢見不鮮。那麼，中世紀真的算是黑暗時代嗎？然而，也有許多觀點指出，近代的個人主義其實源於中世紀。確實，起源於中世紀的個人主義，與被認為是中世紀哲學基本問題的普遍論爭之間，有著密切的關聯。

若不僅限於西方視角，而是從全球哲學的共時性觀點來看，十三世紀的關鍵在於「城市」。哲學不僅僅是受文本與思辨形式所限制的內在事物，更應該考慮到它與媒介發展的互動。例如，活字印刷術是否對哲學的內容和形式產生了決定性的影響？城市又是否影響了媒介的形式？

城市的形成與發展並非僅是十三世紀的產物；在印度、中國、阿拉伯文化圈等許多文明中，自古以來便已存在有城牆的城市。儘管設有護城河和城牆是普遍現象，但隨著市區的擴張，世界各地的城市最終都會摧毀這些防禦工事，使之消失得無影無蹤。我們希望透過「城市」來概覽十三世紀，正是要以城市在西方的迅速成長作為鳥瞰當時歷史的尺度，以便更好地把握整個時代的脈絡。

在人類歷史中，城市這種聚居形式對人類生活產生了深遠的影響。城市作為被城牆環繞的空間，集合了經濟、政治、宗教和知識等多種功能。然而，在日本，只有少數作為核心的君主城堡具備城牆的形式，這其實相當罕見。相較之下，西方、印度和中國的城市在中世紀時普遍都擁有城牆。

城市的基本特徵之一就是具備城牆（包括防壁、城壁、羅城、市壁等不同稱呼），這是一個不可忽視的重點。以日本城市為例，自古以來不具備城壘的城市占絕大多數，這樣的情況實際上相當罕見。城牆不僅在面對戰爭和侵略時提供防禦功能，和平時期也能對人員和物品的通行與搬運徵收路稅和關稅。

西方中世紀的城市普遍建有城牆，而且幾乎都是高達十公尺、厚度超過兩公尺的堅固隔離壁壘，從城門之外幾乎無法侵入，很多城市的整體形態甚至呈現出「城壘」的樣貌。十三世紀

1 譯註：近世（Early Modern Period）是一種歷史分期概念，位於中世紀與近代之間。在歐洲，近世自十五世紀文藝復興開始，至十八世紀法國大革命或工業革命結束，經歷了地理大發現、宗教改革與科學革命，奠定現代社會基礎。在日本，主流觀點認為近世始於一六〇三年德川家康建立江戶幕府，至一八六八年明治維新結束，其特徵為穩定的中央集權和經濟文化發展。另有學者將安土桃山或戰國時代視為近世開端，因為地方分權與經濟活躍為後續統一奠定了基礎。這些分期差異反映了不同的歷史解讀。

是城市化急速發展的時代，這一進程一直持續到黑死病在十四世紀中葉猖獗之時。

在西方中世紀的城市中，大多數人口少於四千人；若一座城市的居民數達到一萬到兩萬人，則在當時的歐洲就已被視為大型城市，這樣的規模與亞洲的大城市根本無法相比。在德國，十二世紀中葉大約有兩百座城市，但到了百年後，數量已增至一千五百座；在十四世紀中葉黑死病流行前，城市數量甚至超過三千座。

城市的成長與托缽修道會的活動、大學的發展以及經濟活動的繁榮密切相關；而這種變化不僅影響了物質層面，對人類的精神層面也產生了深遠的影響。

城市與個人

在十二世紀，修道院的靈性生活孕育出「蔑視現世」（拉丁語：contemptus mundi）的精神。在中世紀初期，「蔑視現世」這句話常被提及。肉體與靈魂、現世與天堂之間的二元論分離，使得對肉體與現世的悲慘討論，強化了對來世的希望。然而，正如「十二世紀文藝復興」所顯示的，隨著各方面的創造性發展，對現世價值的熱愛日益增加，蔑視現世的精神也隨之衰退。

誕生於十二世紀末的「煉獄」概念，則代表了一種不同於「蔑視現世」的世界觀。它在天堂與地獄的二元世界架構中，創造出一個「煉獄」的第三領域，象徵著個人之死與集體審判之間，對個人行為的審判中介。「煉獄」的核心關注在於個人的死亡與死後的審判。因此，將

「煉獄」的出現視為信仰生活的個人化，有助於個人主義的發展。

十二世紀以後，個人救贖的問題開始浮現。在那個只有聖職者能識字的時代，透過教會和祭司的講道成為通往救贖的唯一途徑。然而，當富裕且有閒的市民階層獲得聖經，並能夠自行閱讀時，便出現了一條與教會指導下的集體救贖截然不同的道路。而且，女性成為這種閱讀方式的主要讀者。換句話說，自十二世紀下半葉以後，識字、異端、女性與城市相結合，形成了一股強大的潮流。同時，越來越多的庶民開始依靠自己的力量閱讀聖經，並展開苦修巡禮，這也屬於同樣的趨勢。個人憑藉自身的努力，開始尋求屬於自己的救贖。

城市是文化的，正確來說，是「哲學的」環境。它不僅僅是「城牆環繞的聚居形式」，同時也是一個社會組織，市民必須經歷各種手續以獲得正式的市民權，並在這個共同體中生活，相互保證和識別每個人的身分。

城市生活是人類聚居生活發展的結果；乍看之下，它似乎會將個人淹沒於共同體之中，實際上卻能使個人得以突出。因此，若說十三世紀是「個人」起源的時代，其實並不奇怪；畢竟，個人主義本身就不僅僅是一種哲學概念。

城市中的修道士

如前所述，城市的發展對宗教組織的運作場域產生了深遠影響。在十二世紀之前，修道院主要是逃離世俗化城市，追求早期修道制的隱修士理想，最終選擇在遠離城市的地點建立。

然而，十三世紀初開始活動的托缽修道會（如方濟各會和道明會）則打破了這一靜謐的生活方式。他們將大量精力投入於講道，並積極選擇城市作為活動的場所。這不僅是出於宗教激情，更是因為他們致力於與居住於城市的職業人士共同面對不安、苦惱和願望。這種發展不僅是對城市人口增長的回應，也是隨著商人和其他職業從事者等支撐時代的市民階層崛起的結果。

而托缽修道士以講道者的身分活躍於城市廣場，扮演著傳播教義的重要角色，實際上可以說他們是城市中活躍的新媒介。

托缽修道會作為城市居民宗教需求的回應，成為了一種嶄新宗教功能的組織。對於哲學而言，這一組織的重要性在於它同時承擔了學術的新角色。雖然有組織的媒體如大學發揮了新的功能，但托缽修道士的作用依然不可小覷。

道明會和方濟各會都非常重視神學教育。儘管亞西西的方濟各（Francis of Assisi, ca. 1181-1226）擔心學術可能妨礙信仰，因此對此持謹慎態度，但在時代潮流的推動下，這兩個托缽修道會都開始重視高等教育，並投入精力於神學人才的培養。在巴黎大學中，道明會有兩個教授席位，而方濟各會則有一個席位。這一情況激發了世俗教師團的危機感，促使他們的數量急劇增加。

總結來說，中世紀誕生了新的知識記憶裝置，包括圖書館和個人記憶等。而大學制度則是知識分配的一個劃時代產物。因此，哲學絕不僅僅是透過文章的內容與目次來構成的，而應當從媒介形式來加以考量。十三世紀不僅是內容和目次的變化時代，也是媒介形式傳播發生巨大變化的時期。

首先，作為教育組織的中世紀大學，具備持續保存知識的能力，並讓擁有拉丁語這一共通語言的教授能夠在各地交流，實現人才的再生產。其次，活躍於城市中的托缽修道會與以往的修道院有所不同，更傾向於在各地活動，而非固定居住。這樣的流動性可說是與知識活動相結合，賦予了與大學相似的特質。

三、中世紀的個體與個人

作為個人概念土壤的城市

所謂個人，並不只是一種「本體論」的概念。長期以來不斷有學者指出，個人意識在十三世紀出現了顯著的增長。雖然對於個人意識的起源仍有許多分歧意見，但我們可以認為它與城市的發展密切相關。城市不僅僅是聚居的形式，它作為一個被城牆圍繞的封閉空間，使居住於集合住宅中的每個人能夠安分守己，過著平穩的日常生活。當時，有百分之三十到四十的男性名為「約翰」，即使加上出身地與姓氏，仍無法避免同名的困擾。因此，住所成為識別個人的重要因素。在巴黎等大城市中，許多同名者利用曖昧的住所制度來抹去不良名聲與家族的負面歷史。總之，大城市非常重視個人的特性。

對個人的重視不僅限於大城市的生活情境，也與對人類內在的看法變化有關。一二一五年的第四次拉特朗大公會議規定，成年信徒必須每年至少告解一次。在告解中，人們需要針對七宗罪——驕傲、貪婪、嫉妒、暴食、憤怒、懶惰、淫慾，以及其他小罪加以懺悔。這是一種將自我反省推廣到社會層面的嘗試。由於告解中涉及性事，這也意味著私密領域被納入公共視野。因此，從這個角度來看，這對於近代自我意識的形成具有相當的助力。

在希臘哲學的傳統中，這種做法構建了一種先於普遍且有所限制的形式。古代對個人概念的強調並不多見，而西方中世紀思想則完全忽視個別事物，僅從普遍事物出發。基督教為了獲得靈魂救贖的可能性，要求個人放棄自身特質，融入基督徒的群體；換言之，集體救贖才是主要途徑，而非個人的救贖。

中世紀的人們並不把影響人格的行為視為重要的核心，而是認為人主要是由社會地位、階級身分和職業來界定。他們只有在集體框架內才能完全發現自我、認識自我，出於個人意志的行動則非常罕見。此外，違反集體目的和規範的個人行動也應受到否定。

靈魂的救贖是基督教的基石，自原始基督教時期以來便不斷被討論。在這些討論中，集體救贖的觀念較為強勢，而個人靈魂的救贖則未受到重視。然而，到了十二世紀中葉，隨著各式異端的出現，透過教會進行的集體救贖已無法滿足人們的需求，於是追求個人靈魂救贖的趨勢開始顯著浮現。

此時出現的「煉獄」觀念彷彿與此呼應。法國學者雅克．勒高夫（Jacques Le Goff, 1924-2014）認為，煉獄的出現有助於個人主義的發展，因為這一概念關注的是個人的死亡及隨之而來的審判。因此，可以將十二世紀末視為即將到來的立憲發展和「個人」出現的種子時期。從這個角度來看，這一時期確實是「個人出現」的時期，而這種個人的出現在「死亡與死後命運」的最前線中最為明顯。

文藝復興的思想巨人們認為世界是自我的反射，因而致力於追求自我人格；然而，中世紀的人們則將自己投影在周圍的世界上，採取「遠離自我中心」的方式來理解自己，進而理解被世界吸收的自我姿態。與個人意識的形成密切相關的是告解的制度化。告解以罪的意識為前提；一旦犯下贖罪規定書上的罪，便必須告解。在十三世紀，個人的自我意識迎來了轉機，並在司各脫與但丁（Dante Alighieri, 1265-1321）的筆下得到了更深刻的體現。然而，值得注意的是，中世紀的個人意識並不一定是在哲學框架中發展的。

在日語中，「個體」與「個人」的使用是有區別的。「個人」指具有人格的存在者，具備無可取代的「個體性」與「個別性」；而「個體」則像「這張桌子」或「那支鉛筆」，是作為唯一者的存在者，並不必然是人類。

進入近世後，隨著自我意識、自由、自然權利和人類等概念的興起，對「個人」的理解開始成為問題。在現代思想史研究中，對個人主義的起源及其內涵有各式各樣的論述，許多人嘗試將十三世紀初期的方濟各視為「現代人」的起源，並從方濟各會的傳統中探尋「個人主義」的根源。

普遍問題與個體化問題

「要在普遍（universal）中附加什麼，個體才能成立？」在十三世紀，這類關於個體化的議論相當盛行，普遍論爭也是圍繞著這種個體論展開。在「種」（species）這一由多數個體構成的存在者中，普遍性作為共通事物成立；而透過在普遍中附加個體化原理（Principle of individuation），個體也隨之成立，這就是議論的大致架構。然而，在這種情況下，所附加的個體化原理究竟與構成「種」的本質（普遍）有何不同，或者是否毫無差異？當討論到這點時，無論如何都會顯得有些怪異。若這種原理位於本質之外，它便成為「偶然性」（accident），即非事物固有的性質，無法構成真正的單一個體；但若它與本質相同，那麼，與本質不同的個體性原理就失去了立論基礎。

在中世紀哲學中，普遍問題與個體化問題都是重要的基本問題，自古以來就受到熱烈研究，但這些討論往往不簡單且易於混淆。我們通常將這些討論彙整為兩種觀點：第一種將普遍視為客觀存在的「唯實論」（Realism），第二種則認為普遍僅是有名無實的「唯名論」（Nominalism）。然而，這種分類並未清晰呈現問題的全貌。從十三世紀的主流來看，討論的重點其實在於相對於普遍的特殊化，以及作為其中和限定的個體化的成立，同時也對這個問題的架構本身加以批判。簡而言之，這是以亞里斯多德的邏輯學架構為前提的問題。

在思考普遍與個體的關係時，我們有必要借用中世紀邏輯學家皮爾士（Charles Sanders Peirce, 1839-1914）所提出的「類型／個例」（type/token）分類。類型並非單純的普遍，而是普遍的一種樣式。類型與個例在某種程度上對應於普遍與個體的關係，但在中世紀的框架下，這一點卻難以看清。

在語言符號中，存在一般性層面與透過使用產生的個別物理實體層面；皮爾士將這兩者的區別稱為「類型」與「個例」。類型與個例對應著傳統的普遍／個體。在中世紀，普遍論爭多圍繞著主語與述語的概念關係來加以分析。

個體除了具備「作為主語而非述語的特質」，在促使個體成立的原理——即個體化原理上，還可以細分為「存在、物體、動物、理性」等各種層面，而最終顯示出來的，是「讓個體化得以成立的設定，其實與個體化問題並不契合」。

從指示與外延（extension）而非內涵（intension）來探求的外延主義，是個體化論的主流。然而，在這一框架中，司各脫所主張的「物性」概念，為個體化的成立賦予了內涵式的規範，進而使其成為可以對應某種概念的實體。司各脫被視為重視個性的個人主義者，也因此成為近代個人主義的源流之一，受到廣泛關注。

司各脫的弟子奧坎的威廉（William of Ockham, ca.1285-1347）是個人主義者，但他站在唯名論的立場上，認為個體化原理是錯誤的。他認為，如果普遍是優先存在的，而個體化原理僅是從普遍附加而來，使個體得以誕生，那麼個體化論才有意義；然而奧坎則主張，實際上只有個體存在，普遍僅僅是概念而已。

司各脫作為講述普遍實在的唯實論者，而奧坎則是唯名論者，這兩者之間的對立顯示了中世紀與近世之間的分裂與斷絕。

在這種解釋框架下，如何判定司各脫的立場至關重要，特別是他與奧坎在思想上的差異。雖然司各脫的論述相當錯綜複雜，但在探討普遍與個體的關係時，他顯然也使用了類型與個例的方式。因此，司各脫與奧坎的差異其實並不構成唯實論與唯名論的對立兩極；這種架構的梳理是我們可以探尋的方向。

關於司各脫與奧坎，以及他們各自的普遍論與個體化論，並非一兩篇論文就能解決。兩者圍繞著本體論（ontology）上極為複雜的概念展開激烈的對立；雖然可以從中看出唯實論與唯名論的分隔，標誌著中世紀與近世的裂痕，但在宗教思想、倫理思想乃至個人主義上，兩者依然存在連續性。

對於兩者的關係，我們不能僅從本體論的角度判定，還必須從社會、宗教等層面來加以檢討。

十三世紀這個時代

在十三世紀，個體問題與城市發展引發的社會生活變遷、告解制度的引入、市民階級的崛起以及經濟活動的繁榮等多方面變化相互呼應。無論是在神學還是哲學領域，從普遍論爭中針對「對個體之處理」的討論來看，「個體」已成為當時的核心議題。雖然希臘哲學中對個體的探討並不多見，但這在中世紀卻出現了重大的質變。作為概念的「個體」，並非簡單易懂，即使「無法分割成部分的東西」這一常見的定義也無法準確把握其意義。部分雖有「妥當的複數具體案例」，但最終抵達的仍是難以解釋的「唯一之物」。正因如此，個體在伊斯蘭哲學或日本哲學中，往往不被視為討論的重點。這也顯示了個體在這些文化中的缺失原因。然而，作為概念的個體所涉及的思想問題，並不限於西方。

當我們將目光擴展至全球時，是否能普遍觀察到城市化與個人覺醒之間的對應現象？這其實並不是容易看透的趨勢。我們能否找到一個涵蓋全球的知識生產藍圖？這是未來的課題，但我們仍然可以思考這種可能性的萌芽。在歐亞大陸的西端與東端，個人靈魂救贖的熱切目光相互呼應，它們的興盛發展，或許正是催生「世界哲學」的徵兆。

挪威王國
烏普薩拉
瑞典王國
北海
丹麥王國
波羅的海
條頓騎士團
勃蘭登堡
波蘭王國
萊
薩克森
科隆
亞眠
波希米亞
美因茨
布拉格
克拉科夫
特里爾
神聖羅馬帝國
維也納
奧格斯堡
康士坦茨
布達
克呂尼
威尼斯
匈牙利王國
米蘭
亞維儂
教宗國
威尼斯共和國
比薩
熱那亞
羅馬
地
中
拿坡里
薩勒諾
兩西西里王國
海
巴勒莫

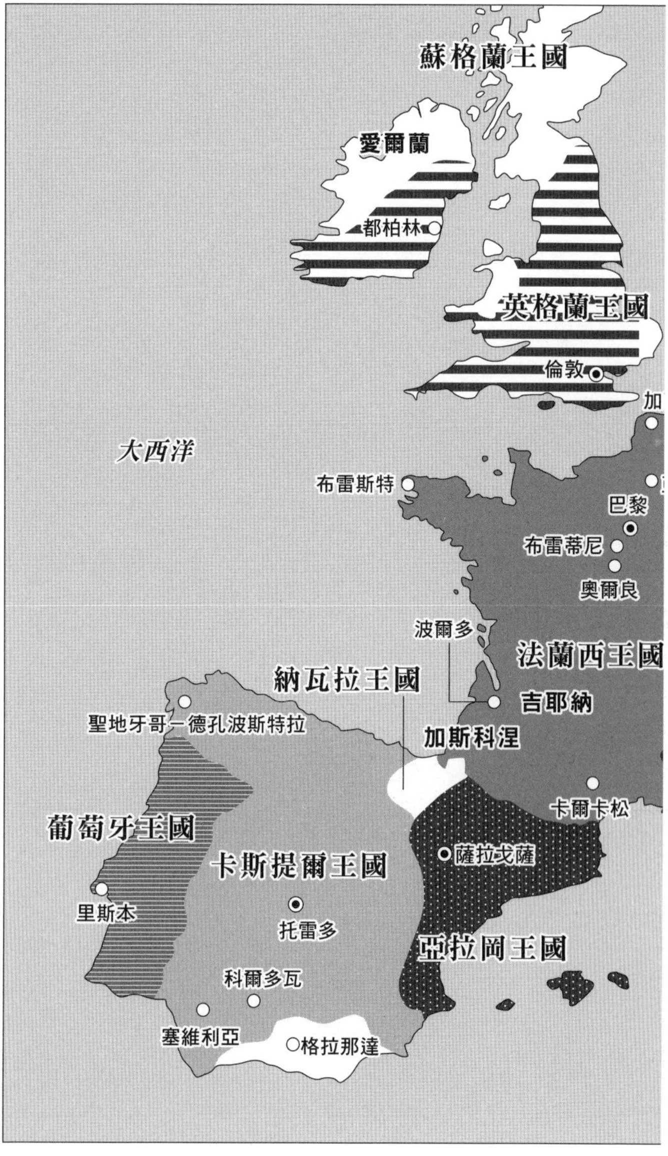
蘇格蘭王國
愛爾蘭
都柏林
英格蘭王國
倫敦
加
大西洋
布雷斯特
巴黎
布雷蒂尼
奧爾良
波爾多
法蘭西王國
納瓦拉王國
吉耶納
聖地牙哥—德孔波斯特拉
加斯科涅
卡爾卡松
葡萄牙王國
薩拉戈薩
卡斯提爾王國
里斯本
托雷多
亞拉岡王國
科爾多瓦
塞維利亞
格拉那達

十三世紀的歐洲

延伸閱讀

雅克・勒高夫（Jacques Le Goff），渡邊香根夫、內田洋譯，《煉獄的誕生》（*The birth of Purgatory*，法政大學出版局，一九八八年）——將十二世紀的神學家如何把「煉獄」這個概念加以公式化的過程，加以彙整的名作。

古列維奇（Aron Gurevich），川端香男里、栗原成郎譯，《中世紀文化的範疇》（*Categories of Medieval culture*，岩波書店，一九九二年）——關於個人概念的成立，有許多具啟發性的記述。

坂口富美，《天使與聖文都辣：十三世紀歐洲的思想劇》（岩波書店，二〇〇九年）——以和阿奎那足以比肩的聖文都辣哲學為中心，鮮活描繪十三世紀中世紀哲學樣貌的研究書。

小林公，《奧坎研究：政治思想與哲學思想》（勁草書房，二〇一五年）——網羅唯名論者奧坎在政治、神學、哲學方面思想的巨著，是花費大半人生在研究奧坎上的作者，殫精竭慮寫出的力作。

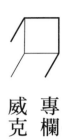

專欄一
威克里夫與宗教改革　佐藤優

中學教科書談到宗教改革時，通常將一五一七年德國的馬丁・路德（Martin Luther, 1482-1546）在維滕堡發表的批判贖罪券的《九十五條論綱》視為這場運動的起始點，但實際的歷史情況要複雜得多。由馬丁・路德、烏利希・慈運理（Ulrich Zwingli, 1484-1531）和約翰・喀爾文（John Calvin, 1509-1564）等人引發的十六世紀宗教改革，其實是近兩百年教會改革運動的結果。其中，十五世紀捷克（波希米亞）的宗教改革尤其重要。身為聖職者及布拉格卡雷爾大學校長的揚・胡斯（Jan Hus, 1369-1415）對教會發行贖罪券予以嚴厲的批判，並在此過程中質疑了頒布贖罪券的教皇權威。

胡斯受到英格蘭的威克里夫（John Wycliffe, 1320-1384）著作的影響，深信包括教皇和樞機主教在內的所有基督教徒都應該以聖經為最終權威。他主張，即使是教皇也應依循聖經來裁決；不遵循聖經的教皇，基督教徒就不應該服從他。在當時，對胡斯教誨有所共鳴的人在捷克語中被稱為「Viklifen」（威克里夫主義者）。教會隨後召喚胡斯前往康士坦茨大公會議，宣告他為異端，並在一四一五年七月六日將他處以火刑。捷克人對此表現出強烈反彈，導致胡斯戰爭的爆發。儘管教會用武力鎮壓了胡斯派，但卻無法將其根絕。進入十六世紀後，捷克的胡斯派與路德派和改革派匯流在一起。大公會議也宣告威克里夫為異端，決定挖出他的遺體並加以焚燒，最終將骨灰拋入斯威夫特河，這項決議於一四二八年執行。

捷克的神學家將胡斯的宗教改革稱為「第一次宗教改革」，而路德、慈運理和喀爾文的宗教改革則被稱為「第二次宗教改革」。他們認為，十五及十六世紀的宗教改革運動應視為一個整體。從動搖「單一教會統治社會」的角度來看，胡斯派的宗教改革超越了傳統教會改革的框架，其神學依據則奠基於威克里夫的核心思想，即「聖經至上」的原則。威克里夫與其他神學家相似，認為只有教會才能正確解釋聖經；然而，教會的成員不僅僅是聖職者，而是由所有預定得救的人所構成。因此，聖經不應僅限於民眾無法理解的拉丁語版本，而應翻譯成世俗語言，使民眾能夠閱讀。威克里夫的弟子們開展了聖經的英譯工作；如今，我們能以包括日語在內的世俗語言閱讀聖經，這都要感謝威克里夫的貢獻。

CHAPTER

two

第二章

多瑪斯・阿奎那與托鉢修道會

山口雅廣

トマス・アクィナスと托鉢修道会

一、阿奎那的思想體系之基本特徵

宗教天才輩出的世紀

十三世紀是一個東西方都湧現出許多宗教天才，值得大書特書的時代。事實上，若我們將目光轉向日本，如本書第九章所提及的，這一時期同樣出現了在佛教思想史上留名的偉大人物。例如，法然（一一三三—一二一二）的弟子，後來創立淨土真宗的親鸞（一一七三—一二六二），創立法華宗的日蓮（一二二二—一二八二），以及遠赴中國求法並成為曹洞宗祖師的道元（一二〇〇—一二五三）。

另一方面，當我們將目光轉向西方時，本章提及的多瑪斯．阿奎那（約一二二五—一二七四）便是這個時期誕生的最偉大的基督教思想家之一。儘管他沒有創立新的宗派，這一點與上述的日本佛教思想家不同，但作為剛成立的「托缽修道會」之一——宣道兄弟會（通稱道明會）的成員，阿奎那同樣面臨各種批評。然而，他基於革新基督教世界的崇高理念，一方面過著固有的宗教生活，另一方面回應批評，在這過程中明確了自己的思想。

接下來，讓我們先來探討阿奎那的思想體系與托缽修道會的基本特徵。然後，我們會聚焦於作為托缽修道士的阿奎那如何捲入大學中的論爭，最後嘗試描繪出阿奎那心中理想的基督教生活。

信仰與理性的調和，以及「神學大全」的構成

用教科書的方式來說，阿奎那在思想史上的偉大之處在於，他在基督教神學中融入哲學，從而建構起一個調和基督教信仰與理性的宏偉體系。事實上，他以基督教神學為基礎，巧妙地融合自古希臘以降的柏拉圖主義哲學與亞里斯多德哲學，形成了獨創的思想體系。這一點在他超過九十本的著作中均可見到，特別是他公認的最高傑作《神學大全》。

從書名的意義來看，我們可以清楚地了解到，《神學大全》不僅僅是收錄有關神的學問（神學）與相關知識的著作，而是一部簡潔明瞭的綜合性書籍。正如阿奎那在《神學大全》序言中指出，他的理想是將基督教的眾多事項予以一定的區分，並在這一脈絡下加以整理，以便於簡明地論述。

若從本書的主要結構單位「部」來看，《神學大全》共分為三大部分：第一部的主題是「神」，討論神的本質、三位一體以及神的創造。第二部（又分為兩部）探討「儘管身為全體，作為被造物的人類仍然朝向神的方向行動」。第三部的主題則是如何將人引導至神身邊的基督（救世主）。在這三部中，除了阿奎那所附加的第三部「補遺」外，總共揭示了五百一十二個論題（「論A」）的「問題」，整體結構配置相當靈活。如果再將這些問題細分，則可分為二千六百六十九個特定論題（「A裡面存在B嗎？」或「A存在嗎？」）的「項」。

就這樣，阿奎那在《神學大全》中，透過大量的論題依序展開仔細的檢討，並針對各個特

定問題積累了實質的解答。從對每個「問」論題的理解到對各「部」主題的進一步思考，可以發現全書的結構經過精雕細琢，密切結合，使讀者能透過高密度的系列議論體會到全書的深度。

《神學大全》的結構，與「出發和回歸」的構圖

話說回來，《神學大全》正如前所述，分為三個宏偉的部分。如果我們留意第一部與第二部的關係，就會發現這種關係實際上是一種「出發與回歸」的結構。阿奎那對神學主題的區分，若參考《新約．啟示錄》第二十二章一至十三節的解釋，可以理解為「我是阿爾法（α），也是奧米加（Ω）」〔托雷爾（Jean-Pierre Torrell），《阿奎那其人與著作》〕。由此可以推導出，神是「阿爾法」，即萬物的始源；同時也是「奧米加」，即萬物回歸的終極目的。因此，第一部與第二部的主題，分別是作為創造者的神與作為被造物的人向神的回歸。我們可以將「從目的與始源兩種觀點來理解神」，視為這兩部之間關係的基礎。

然而，這種「出發與回歸」的構圖並不僅僅是把聖經視為首要意義，而是同時延續了柏拉圖主義哲學的立場來理解。若我們實際觀察這種哲學的世界觀，可以看到位於其頂端的唯一者受到雙重規範。如果這個唯一者是多樣事物按照階層出發的始源，那麼它也是知性與靈魂追求的終極目的。這種哲學無論是從神透過自由意志創造世界的角度，還是從人透過自由意志行善

時必須倚賴神的恩惠來看，都不是基督教神學固有的主張。然而，這樣的世界觀與剛才提及的基督教世界觀確實存在相似之處。因此，我們可以看到，這種哲學對於《神學大全》中第一部和第二部的關係，雖然是間接的，但確實有其影響。

最後，若我們聚焦在《神學大全》第二部的結構上，可以理解到這一架構大體上是依循著亞里斯多德的《尼各馬科倫理學》。實際上，後者從作為人生目的的幸福開始，並討論實現這種幸福不可或缺的各種美德，如勇氣、節制、正義和慎思，最後以「靜觀的生活與活動的生活在何種意義上方值得稱為幸福」作結。仔細檢視《神學大全》第二部的結構，雖然包含了《尼各馬科倫理學》中所沒有的內容，例如原罪、信望愛等神學上的德行，以及基督教修道制的論考，但其架構仍顯示阿奎那明顯融入了亞里斯多德的思想。

十二世紀文藝復興與阿奎那

那麼，促使阿奎那誕生出這種獨特思想體系的歷史背景，究竟是什麼呢？簡而言之，就是「十二世紀文藝復興」。這次中世紀的文藝復興，最主要的一個方面，就是將從典型的伊斯蘭文化圈或拜占庭帝國帶來的眾多希臘羅馬重要學術文獻翻譯成拉丁語。這場大規模的翻譯運動，使得在十三世紀的西歐，亞里斯多德的著作集得以整體呈現，研究也因此獲得了顯著發展，讓學者們不再僅僅依賴於亞里斯多德邏輯學的部分著作。

面對這一共通課題，當時的知識分子提出了各種解答。在對基督教教義不甚顧慮的情況下，一些學者追隨伊斯蘭圈的亞里斯多德註解家阿威羅伊（Averroes, 1126-1198）對哲學的解釋，這些被稱為拉丁阿威羅伊主義者的人，成為了後來啟蒙思想家的原型。另一方面，在堅守傳統的柏拉圖哲學體系中，也有如文都辣（Bonaventure, 1221-1274）這樣的「保守派」知識分子，他們援引亞里斯多德的哲學只是為了加強柏拉圖的傳統。

阿奎那在這場學術對話中則扮演著什麼角色呢？他位於拉丁阿威羅伊主義者與文都辣之間。他的確積極地採納亞里斯多德的哲學，但同時也並非無條件地全盤接受。阿奎那對亞里斯多德哲學以及柏拉圖主義都持有批判的態度。他雖然從這兩種哲學中學習了很多，但根本上是透過他獨特的解釋與修正，將它們納入自己的基督教神學體系。正如他在《天體論註解》中所言：「哲學研究的目的，不是為了了解人們的思考方式，而是要追尋事物的真理。」這句話反映了他對於探求真理的重視。

因此，雖然用現代的眼光來看，阿奎那可以被稱為「中間派」，但在各種意義上，他絕不是一位淹沒在兩者之間的平凡思想家；相反地，他是在這兩者之間巍然屹立的存在。在柏拉圖主義與亞里斯多德哲學編織的思想動力下，阿奎那讓自己的神學思想綻放出美麗的成果。他利用亞里斯多德哲學中的「存在」概念，將神定位為「存在的純粹現實狀態」。更進一步，他將下一章中將討論的銳利存在解釋與柏拉圖主義的「分受論」（Methexis）結合，從而解釋神與被造物之間的關係為「自在自存的事物」與「透過分受而存在的事物」之間的關係，這是一個最重要的例子。

接下來，我們將重點放在對阿奎那形成上述思想特徵起重要作用的其他歷史事實，除了十二世紀文藝復興之外，還包括托缽修道會，特別是道明會在十三世紀初期的創立，以及該會如何在當時學術與教育的核心地帶——巴黎大學，逐漸擴展其活動範圍。

二、托缽修道會的基本特徵

托缽修道會——使徒的生活理念及其實踐

所謂的修道會，一般是指那些在基督教中發下三大特別誓願（即貧窮、貞潔、服從），並遵循這些誓願和戒律生活的人所組成的共同體。然而，以道明會和小兄弟會（即方濟各會）為代表的托缽修道會，則是一種出現在十三世紀初期的全新修道會類型。傳統的修道會通常退居幕後，專注於實踐某種生活理念，而托缽修道會的生活型態在當時人們眼中，不僅新奇，更是充滿革新意義。

實際上，克呂尼修道院在十世紀初至十一世紀達到全盛期，代表了傳統修道院的特徵。當這一發展達到頂點時，修道院內部完全專注於對逝者的祈禱，無論是以抄寫為主的手工勞動，還是如農耕般的肉體勞動，皆不再從事，這被認為是最佳的生活方式。以清貧為宗旨，他們放棄了個人財產；然而，作為修道院財產的土地則屬於大家共有，為了支持這種冥想生活，農作物和貨幣等資源也需有充分的保障。

相比之下，托缽修道會如《新約聖經》中「使徒行傳」所描述，立下了明確的志向，回歸基督使徒所堅持的生活方式。他們以徹底的清貧為宗旨，除了放棄個人財產，連共有財產也一並拋棄。儘管他們重視祈禱，但選擇走出修道院，進入社會中托缽行腳，依賴民眾的施捨來獲取生活所需的食糧。

托缽修道會與傳統修道會的主要區別在於，他們的活動根據城市而非農村環境。這些新興修道會的目標在於，面對當時快速發展的城市中，居民因對物質與富裕的渴望而可能淪陷於邪惡之中，因此需要透過講道來宣揚福音。講道的實踐也成為這些修道會體現「使徒生活」理念的重要一環。

道明會對講道與勤學的重視

儘管從整體來看，托缽修道會具有以上特徵，但道明會自創立之初就獨具的特點，無疑是他們不僅重視講道，還非常重視為講道做準備的勤學與學術研究，並不斷要求會員遵循這一點。

道明會由古斯曼的道明（Dominic de Guzmán, 1170-1221）與他的夥伴於一二一六年在教皇霍諾留三世的正式認可下成立。正如其正式名稱（宣道兄弟會）所示，從一開始便以宣揚福音為使命。當時，講道是主教的特權，為了實現這一使命，必須獲得主教的批准；然而，道明希望能不經主教之手，透過教皇的認可，在不受特定教區限制的情況下自由講道。

當然，道明所考慮的不僅僅是講道本身；如果講道表現出色，自然能獲得正統地位，這也是考量之一。實際上，他在十三世紀初期的法國南部，積極從事將當時勢力強大的基督教異端群體——純潔派（Catharism）——拉回基督教正統信仰的活動。在與這些人接觸的過程中，道明重新審視了信仰，認為應當回歸使徒的生活理念，過著一無所有的生活。同時，他也認識到，為了說服純潔派群眾，並駁斥他們的謬誤，必須深入學習舊約、新約及神學相關著作，並具備深刻的理解。道明會最早的會規就明確告訴會員，為了使講道充滿激情和執行力，無論時間和地點，都應努力向學；這一「不斷勤學」的勸告，從創設者的思維出發，無疑是理所當然的。

不僅如此，道明在修會獲得正式認可後，便積極派遣部分會員前往巴黎和波隆那等主要大學城市接受教育。這一做法印證了道明會在傳播福音時需具備豐富學識的理念。因此，道明會的會員在大學城市建立了修道院，同時也向大學學生傳達會的魅力，吸引他們入會。這種做法頗具成效，阿奎那的老師大阿爾伯特（Albertus Magnus, 1200-1280）和阿奎那本人，正是在帕多瓦和拿坡里大學就讀時結識了道明會士，並被引入會中，進而以此為基礎構建起一套獨特的論述。

三、巴黎大學與托缽修道會

托缽修道會涉足巴黎大學，及其與世俗聖職者之間的齟齬

就如前所述，道明會很早便進入大學領域；到了一二二九年，巴黎大學神學院已有十二個正教授職位，而到了一二三〇年，道明會已獲得其中兩個講座，勢力持續擴大。

那麼，另一個代表性的托缽修道會——方濟各會又是怎樣呢？方濟各會的創始者方濟各認為學問是理解聖經的資源，對其懷有敬意，但他對修習學問保持警覺，對於將夥伴送往大學的做法也並不積極。因為修習學問需要當時昂貴的書籍，這與他追求清貧的理想有著明顯的衝突。儘管如此，方濟各會最終認識到，要培養出優秀的講道者，必須具備教育和研究的基礎，因此違背方濟各的初衷，開始進入大學領域；到一二三六年左右，他們確保了一個講座。

隨著托缽修道會的神學院教授的出現，這在與長期占據巴黎大學神學院的世俗聖職者之間，造成了深刻的矛盾。

首先，世俗聖職者在可獲得的講座數量未增加的情況下，托缽修道士搶下的講座，等同於減少了他們的名額。其次，儘管托缽修道士的學識在世俗界也被認可，但接受世俗聖職者授課的學生需要繳納學費，而托缽修道士的課程則不需費用，因此學生被搶走，世俗聖職者的收入也隨之減少。最後，托缽修道士雖與世俗派共同構成教授團，但他們屬於修道會，優先考量修

道會的意向，並不遵守大學的規範。基本上，世俗派站在傳統保守的立場，因此在他們眼中，托缽修道士的生活不僅「新奇」，更被視為應該被指責、甚至令人畏懼的異端。

與世俗聖職者爆發論爭、以及阿奎那對學問研究與講道的肯定論

在一二五〇年代，將托缽修道會士從神學講座中驅逐的動作開始浮出水面，世俗聖職者中也出現了對托缽修道會及其理念的猛烈攻擊。其中的領袖是神學院教授聖阿穆爾的威廉（Guillaume de Saint-Amour, ca. 1200-1272）。根據威廉的說法，他與其他人共同撰寫了一篇攻擊文《論最近的危險》（一二五六年）。在這本書中，他將托缽修道會士與聖經中預言會在世界末日帶來危險的人物相提並論。例如，在《新約・提摩太後書》第三章第七節的解釋中，威廉將托缽修道會暗喻為那些不斷學習卻只能理解「言語」真理而無法接近「活生生」真理的人，並將他們視為進行無益甚至有害講道的「偽論道者」。

面對威廉等人的猛烈攻擊，托缽修道會的存在理由受到挑戰，方濟各會和道明會立即展開反駁。作為道明會的代表，剛就任巴黎大學神學院教授的阿奎那，從各種討論中吸取素材，撰寫了《駁對神禮拜與修道生活攻擊之人》（一二五六年），積極捍衛托缽修道生活。

讓我們來看看阿奎那在這本書中所做的反駁吧。在這本書中，阿奎那首先引用了當前成為焦點的聖經章句，然後指出，對於那些意圖讓研究遠離信仰真理或正確性的人而言，正如這句

話所言，雖然經常學習卻無法認識真理。因此，信仰的真理作為使人能夠正確生活的真理，確實是一種活生生的真理；在這方面，阿奎那部分承認了威廉的主張。然而，他也暗示，若是在研究中接近信仰的真理或正確性的人，就不會陷入無法認識真理的境地。因此，與威廉等人的觀點相反，阿奎那認為透過修道者展開的學術研究，才能讓人接近信仰的真理。進一步而言，修道者的講道建立在他對真理的理解之上，使其教誨成為有益且真實的實踐。阿奎那對此表示肯定，並將其與對講道的支持相連結。

論爭的再度展開、以及阿奎那對清貧與托缽的肯定論

阿奎那參與的「托缽修道會論爭」並不僅限於他初期在巴黎大學任教的時期（一二五六—一二五九年）。約十年後，即在他思想的成熟期，他再次擔任巴黎大學教授（約一二六八—一二七二年），此時他重新介入了論爭。在這段時間內，他一方面與拉丁阿威羅伊主義者和保守神學者展開激烈的論戰，另一方面也再次參與了關於托缽修道會是否應存在的討論。

在第一次巴黎任教期間，阿奎那所面臨的論爭曾一度平息。教皇亞歷山大四世（一二五四—一二六一年在位）站在托缽修道會一方，判定威廉有罪（一二五六年）；與他同一陣線的神學院教授們不得不公開承認這場論爭的失敗（一二五七年）。

然而，到了一二六六年，類似的論爭又開始浮現。雖然威廉已被驅逐回到他的故鄉，但他

仍然活著，並將《論最近的危險》修訂成新書，呈獻給教皇克雷門四世（一二六五—一二六八年在位）。此外，在克雷門四世去世後的三年間（一二六八—一二七一年），因未能選出新的教皇，缺乏支持托缽修道會的高位聖職者，對於世俗聖職者來說，這正是表達對托缽會士不滿的好時機。因此，這次由神學院教授——阿布維爾的吉拉德（Gerard of Abbeville，一二七二年逝世）主導的世俗聖職者陣營再次展開論爭。吉拉德是威廉的追隨者，與威廉保持著書信往來。

阿奎那再次以道明會代表的身分主導討論與講道，並進一步撰寫各種著作來反駁吉拉德。在他第二次任教於巴黎大學的尾聲，他撰寫了《神學大全》第二部之二，並納入了許多與此次論爭相關的材料。接下來，我們將聚焦於最後的部分，特別是第一八六問和第一八七問，來探討阿奎那對托缽修道會的核心觀點，即托缽和清貧。

阿奎那理所當然地對托缽和清貧持肯定態度。他如何為這種行為辯護呢？首先，清貧作為一種特殊狀態，對於實現圓滿的修道生活是必不可少的基礎。要達成這種生活，必須遵循基督教的「最重要守則」，即「盡心侍奉神」，以及次要原則「愛鄰人如愛自己」。然而，當財富和財產成為個人所有時，擁有者的心靈很容易被物質慾望所誘惑，這會干擾他們實現圓滿生活的目標。因此，為了實現這樣的生活，最重要的是如《馬太福音》第十九章二十一節所述，放棄所有的私有財產。

接下來是托缽，這種特殊行為可以從兩個觀點來看，都是修道者可以接受的。首先，托缽是一種促進謙遜的手段。在眾人眼中，托缽象徵著不得不依賴他人接受食物的極度貧乏狀態，常與卑微的形象相聯結。因此，這種行為能有效打破驕傲和貶低他者的德行；反過來說，它也能使自己置身於他人之下，從而培養謙遜的美德。其次，托缽作為獲得生活所需食糧的唯一手段，或是為了實現共同利益而接受施捨，都是合理的行為。無論是為建造教會，還是修道者專心致力於聖經的研讀，都是達成這一利益的良好例證。

托缽修道會被懷疑為異端的主要原因在於，他們採取了傳統修道會中所未見的徹底清貧與托缽生活。阿奎那在第二次巴黎任教期間，針對此現象發展出肯定的論述；透過他的支持，托缽修道會在巴黎大學神學院乃至整個西歐基督教世界的地位逐漸穩固，這無疑是他的重大貢獻。隨著威廉和吉拉德於一二七二年陸續去世，托缽修道會的論爭也最終劃上句點。

基督教生活的理想面

最後，以《神學大全》第二部的核心——第一八八問為依據，阿奎那如同在之前的論爭中一樣，明確指出了理想的修道生活，透過這一點，我們也能窺見他所理解的基督教生活。他引用了亞里斯多德《尼各馬科倫理學》第十卷中的「靜觀的生活」與「活動的生活」的概念，來論述理想的基督教生活。那麼，阿奎那是如何將這兩種生活與修道生活串連起來解釋的呢？

阿奎那所說的「靜觀的生活」，主要指的是對神及與神相關事物的認識與考察，從而獲得一種有序的生活。另一方面，他將「活動的生活」置於靜觀生活的另一端，強調這種生活的主要行為是直接救贖他人靈魂的活動，例如講道和聆聽告解，並在這種行為中獲得秩序。

乍看之下，這種生活的區分似乎要求人們專注於神與人兩個極端，過著彼此對立的生活。然而，阿奎那認為，活動的生活必須在靜觀生活中發掘出意義；例如，施捨和迎接客人等行為，都包含著廣泛的對外活動。

但阿奎那強調的重點並不僅僅是此。他明確指出，在這兩種生活中，可以發掘出一種更理想、更高層次的連續性和統一性。事實上，他認為，在活動生活中的行為中，包含著從靜觀中湧現出的豐饒，例如講道和教授等。他指出：「比起閃耀的光輝，照亮事物的更為卓越。正如這樣，比起靜觀，將靜觀所獲得的成果傳達給他人更為優越。」

正如本章開頭所確認的，《神學大全》第二部以作為「阿爾法」的神所創造的人，朝著回歸「奧米加」的神展開行動為主題。放在第二部末尾的基督教生活理想，雖然需要第三部關於基督作為仲介的論述，但仍然是對人朝向神邁進的極致動態的描述。

延伸閱讀

稻垣良典，《多瑪斯・阿奎那》（講談社學術文庫，一九九九年；原本為《人類的知識遺產20》講談社，一九七九年）——詳細解說阿奎那的生涯以及主要思想，並從他的各種著作中加以豐富選譯的一本作品。要理解阿奎那的整體形象，這是一本相當便利的書。

佐藤彰一，《劍與清貧的歐洲：中世紀的騎士修道會與托鉢修道會》（中公新書，二〇一七年）——對副標的兩種修道會由來與變遷，詳細闡明的一本通史。在與本章的關連方面，該書第六到第八章的記述極富參考價值。

托雷爾（Jean Pierre Torrell），保井亮人譯，《阿奎那其人與著作》（*Saint Thomas Aquinas, Vol. 1. The Person and His Work*）、《阿奎那：靈性的教師》（*Saint Thomas Aquinas, Vol. 2: Spiritual Master*）（知泉學術叢書，二〇一八—二〇一九年）——原書自上世紀末出版以來持續改訂，是關於阿奎那研究的浩瀚入門書。就這層意義上而言，它是現在最優秀的參考書。

山本芳久，《阿奎那：理性與神祕》（岩波新書，二〇一七年）——不管在讓阿奎那思想簡明易懂、或是得以深入理解方面，都作了周到考量的一本書，是相當優秀的阿奎那研究入門書。裡面主要討論的核心，是阿奎那的根本精神、樞德論、神學德論、受肉論。

專欄二
阿奎那的正義論　佐佐木亘

正義是什麼？這個問題在各個時代不斷地挑戰著人類的思考。不論是在抽象的討論還是迫切的情境判斷中，這一問題關乎人類的基本生活方式，而人類至今仍未找到終極的答案。然而，從對法律的理解出發，我們或許能夠獲得一些新的視角。

例如，近年因其激進政治思想而受到廣泛關注的帕多瓦的馬西略（Marsiglio da Padova, 1275/80-1342/43）認為，法律是人類所制定的「人定法」，因此正義的概念應該在這一框架內加以探討。

相對於此，在馬西略誕生前不久去世的中世紀代表思想家阿奎那則認為，最重要的法律是「自然法」。他指出，人定法「只有在從自然法引導的情況下，才具備法律的特徵」。自然法被視為「永恆法」的具體化，賦予人們一種朝向「共同善」的秩序，這種共同善關乎整個社會的普遍利益。在現實中，賦予人們邁向共同善的美德，除了「正義」以外別無他物。因此，無論是自然法還是正義，對人類而言都是內在且超越的存在。

正義的特徵首先涉及到「他者」，由此我們可以對正義加以分類。所謂的「法之正義」關注的是整體共同體中的他者，人們透過這種正義獲得邁向共同善的直接秩序。與此相對，在一般意義上，涉及個別他者的正義則被稱為「特殊的正義」，這種正義又可以進一步細分為對全體中的部分的「分配正義」以及對部分中的部分的「交換正義」。

我們的社會是透過各種交換與分配所形成，因此這些正義也構成了共同體的骨幹。然而，進行交換所需的財物，必須在事前以某種方式加以分配。因此，交換的正義必須以分配的正義為前提。事實上，神的正義可以理解為分配正義，因為「神根據各種事物的本性與狀態，賦予相應的性格，當這些事物作為適當之物被給予時，就是在施行正義」。

此外，個別他者的善也賦予了邁向共同善的秩序，而在是否會傾向共同善這一點上，阿奎那的正義論同樣展現出明確的方向性。從這個角度來看，即使在當今社會，這一論點仍具有極其重要的意義。「什麼是正義？」如果從追求共同善的方向來判斷，我們或許能找到答案；在這裡，超越與克服個人主義與相對主義的視域得以展開。

CHAPTER

three

第三章

西方中世紀的存在與本質

本間裕之

西洋中世における存在と本質

一、歷史中的中世紀哲學

教師亞里斯多德

談到本章所要探討的十三世紀初至十四世紀中葉的中世紀歐洲經院哲學，首先必須提及其與亞里斯多德哲學的關聯。這位希臘哲學家在中世紀早期，僅以《範疇篇》、《解釋篇》等統稱為「工具論」的部分邏輯學著作為人所知；然而，到了十二世紀末至十三世紀，亞里斯多德幾乎完整的著作，經由伊斯蘭世界的傳播，逐漸被翻譯成拉丁文。在這種多元時代與地區文化的交融下，中世紀哲學迎來了重大的轉折點。

在當時的大學中，亞里斯多德被列為重要的權威之一，被稱為大寫的「哲學家」。當時的哲學書籍中，隨處可見對他的引用。不僅如此，中世紀的學者們普遍學習他的《工具論》、《尼各馬科倫理學》、《論靈魂》、《自然學》以及《形上學》等著作，並針對這些著作撰寫了大量的註解。在這個時期，亞里斯多德的影響力極為深遠，甚至有人將他的命題視為無須論證的真理前提；而一些反對他學說的主張，則因此被摒棄。從這個角度來看，亞里斯多德堪稱是中世紀學者的導師。

然而，正如學生不一定盲目信奉教師一樣，中世紀的學者們也不總是遵從亞里斯多德。儘管如前所述，在大多數情況下，亞里斯多德的論述受到高度信賴，但批判的聲音也並非不存在。例如，司各脫認為，與其盲從亞里斯多德，導致錯誤的結論，不如在不同意的前提下，得出正確的結論更為合理。他曾說：「贊成亞里斯多德，既非哲學的正途，也非神學的思維方式。」〔《解釋論註》（*Ordinatio*）第二卷第三區分第七問〕換言之，對於這個時代的學者而言，亞里斯多德既不是學術的唯一準則，也不是最終的目標，毋寧說是一個出發點。亞里斯多德既是教導他們的老師，同時也是中世紀學者們在哲學和神學思辨上的對話對象，或者更準確地說，是他們需要檢討和對抗的首要對手。

忘卻與重啟

因此，中世紀的學者們在吸納和學習亞里斯多德哲學的同時，並未止步於此，而是發展出了屬於自己的哲學體系。然而，這套在與亞里斯多德的對話中建構起來的縝密哲學體系，有時因過於繁瑣而讓人望而卻步。在笛卡兒以後的時代，經院學者們繼承自亞里斯多德、經過不斷錘鍊的各種概念幾乎只剩下其名，而與這些概念相結合的學說大多已被遺忘。自近代以來，「經院哲學」這一詞彙被賦予了許多負面的印象，長期以來未受到應有的重視。

然而，這種情況並不意味著經院哲學在哲學史中毫無重要性。事實上，隨著艾蒂安・吉爾森（Étienne Gilson）等中世紀哲學史研究大家的努力，這一點已得到了闡明。將中世紀哲學視為被黑暗籠罩的事物的觀點，已經成為過去的看法。

另一方面，即使僅限於形上學領域，中世紀哲學與現代哲學之間也展現出強烈的親和性。比如，普遍論爭或個體化原理等問題，這些在中世紀形上學中反覆探討的議題，在現代形上學中再次受到審視。而在這些討論中，除了以亞里斯多德的本體論作為共通的議論基礎，經常還會參考經院學者的觀點。因此，可以說，中世紀哲學確實具有超越時代的普遍性。

二、存在與本質

關於存在與本質

迄今為止的中世紀哲學史研究中，以吉爾森（Étienne Gilson）為代表，通常重視並強調阿奎那獨特的「esse」（存在）思想。然而，本章將採取不同的視角，嘗試以中世紀哲學承繼自亞里斯多德的核心概念之一——「存在」（exsistentia）與「本質」（essentia）為中心，來探討中世紀哲學的發展。正如山田晶在《阿奎那的「存在」研究》中所強調的，阿奎那對「esse」的存在與「exsistentia」的存在做了明確的區分。隨著本章的深入閱讀，這些概念將變得更加清晰。而關鍵在於，哲學家們如何理解並掌握「被造的世界與我們之間的關聯」，這將是透澈理解這一問題的關鍵。首先，讓我對這些概念作個簡單的介紹。

我們就從「本質」開始討論吧。所謂的本質，指的是當我們說「蘇格拉底是人」或「貓是什麼」時，所形成的問題核心——那個「使人成為人」或「使貓成為貓」的事物。這些事物透過「人性」或「貓性」等抽象名詞，被賦予了名稱。而本質作為對「這是什麼」的回答，因此也被稱為「某性質」（quidditas）。更進一步來說，根據阿奎那和司各脫的認識理論，當我們認識到現實中具體的個別貓，並形成「貓」這個概念時，知性所認識的對象正是本質。透過這樣的認識，存在於「現實中的貓」內部的本質得以被掌握，並存在於知性之中。這種存在於知性中的貓之本質，便是我們對現實中的每一隻貓加上「某某是貓」這一判斷的普遍概念。

在現實與知性中找到的存在本質，特別被稱為「本性」（natura）。這一概念是阿奎那和司各脫從伊斯蘭哲學家阿維森那那裡吸收過來的。貓的本性，無論是在現實世界中的一隻貓，還是在人的知性中，都是作為「貓」這一概念而存在的。然而，這兩者都不是「貓的本性」本身。這正是阿維森那關於本性有名的命題「馬性就只是馬性」的意涵所在。

既然我們在解釋本質時，已經自然而然地使用了「存在」這個詞彙，那麼對「存在」應該也不需要特意再做說明，大家應該已經能大致理解了吧！在中世紀哲學中，正如前述，存在被以兩種狀態來考量：一種是像陳述「貓在這裡」或「冰箱裡有牛奶」這類描述現實世界中存在之物的情況；另一種則是當貓透過人類的知性被認識時，即「本性存在於知性之中」的情況。

雖然我們在思考時是針對概觀本質所揭示的事物來討論，但阿奎那與司各脫仍然在不同領域中探究本質。無論在形上學問題中，還是在知識論中，本質作為人類知性的認識對象而出現；而在邏輯學中，本質則與述語附加問題相關聯，並受到探討。之所以特別聚焦於阿奎那與司各脫，是因為奧坎並未在如此多元的領域中對本質加以探究。接下來，我們將針對「存在與本質的區別或同一性」這一堪稱中世紀形上學特徵的問題領域，概觀阿奎那、司各脫與奧坎的論述，藉此呈現他們對形上學的態度，尤其是與知識論、邏輯學等學術領域的關係。

多瑪斯·阿奎那

首先，我們從確認多瑪斯·阿奎那的論述開始。儘管研究者之間尚未完全達成共識，但大多數情況下，人們認為在阿奎那的哲學中，存在與本質是實在地區別開來的。所謂實在的區別，指的是這種區別在現實世界中有其根據，通常被理解為兩個事物之間的區別。這種實在的區別與觀念上的區別相對，後者則是由人類知性虛構出來的。換句話說，根據阿奎那的觀點，存在與本質即便在人類知性不存在的情況下，仍然作為事實以某種方式區別開來。在此，我們將依據他在《存在者與本質》第四章中的論述，來理解他對「存在與本質是不同事物」這一觀點的明確說法。雖然此部分在阿奎那的詮釋中充滿爭議，但我們不會深入探討細節，而是專注於把握其核心內容。

阿奎那在《論存在者與本質》中對存在與本質區別的敘述，實際上是他針對「雖然天使不與物質結合，卻仍具有形相，但即使如此，它還是具有某種複合性，因此沒有純粹的存在者」

所進行論證的一部分。首先，他設立了一個大前提：「不包含在對本質理解中的資訊，對本質而言都是外在的事物。」就像「人是動物」一樣，若人的本質中包含了「動物」這一元素，那麼對本質的理解就必然包括動物的資訊。然而，正如阿奎那所言，「即便不知『它們是否具備事物本性中的存在』，仍然可以理解人或鳳凰是什麼」；也就是說，「本質在沒有存在的情況下仍然可以被理解」。因此，我們可以得出結論，「存在與本質是不同的事物」。

然而，論證並未就此停止。接下來他將證明：「如果存在與本質完全相同的事物存在，那麼它必然是唯一的。」這是因為這樣的事物是純粹的存在，不具備任何使其多元化的條件。因此，除了「存在即其本身」的事物之外，其他所有事物的存在與本質皆是有別的。接著，他進一步證明，「存在即其本身」的事物就是第一因、即神，是不包含任何潛在狀態的純粹現實態。由此推論，所有被造物都是存在與本質有別的事物，它們的存在皆源自神。

以上就是研究者所認為的阿奎那關於存在與本質實在區別的論證概要。當討論「存在與本質在實在上的區別」時，關鍵問題在於，阿奎那所謂的「存在與本質有著實在的區別」這句話究竟具備什麼意義？正如撰寫關於《論存在者與本質》的論文學者上枝美典所提醒的那樣，「至少對阿奎那而言……他並沒有主張將存在與本質當作兩種事物來區別吧！」（〈《論存在者與本質》第四章中的存在與本質〉，《中世紀哲學研究VERITAS》第一一號，頁六九）。因此，「實在的區別」這個術語在此可能存在一定的曖昧性。

在此值得關注的是本質與人類知性及認識之間的關聯。阿奎那在其主要著作《神學大全》的一個段落中，對於與存在與本質相關的人類知性狀態，做出了以下簡潔的敘述：

被創造的知性透過其本性，透過某種分解的方式，被賦予了在抽象中理解具體形相與具體存在的能力。（《神學大全》第一部第十二問第四項，第三異論解答）[1]

在解釋上，雖然各著作的撰寫時期等問題固然重要，但如果將《存在者與本質》與《神學大全》中的文本結合起來理解，阿奎那所謂的「存在與本質的實在區別」並非指它們是兩個不同事物的區別，而是可以理解為這種區別是知性中創造出兩個不同概念的依據。關於這一點的具體意義，後面會進一步討論，而這種思考方式與接下來要討論的司各脫的觀點極為相似。

1 譯註：引文內容直譯自日文原文。另提供《神學大全》中譯本譯文做為參考：「既然受造的理智，藉自己的本性，以某種分解的方式，自然而然地在抽象中察覺到具體的形式和具體的存在。」高旭東、陳家華等譯，《神學大全（第一冊：論天主一體三位）》（中華道明會、碧岳學社，二〇〇八），頁一四五。

鄧斯・司各脫

阿奎那並未將存在與本質的區別作為主題來論述，司各脫同樣如此。此外，司各脫在關於存在與本質區別的討論中，涉及的內容可謂寥寥無幾。正因如此，研究者之間對於司各脫認為存在與本質應如何區分，意見存在不少分歧。然而，正如他所言：「本質的存在絕不能從實在的存在中實在地分離」（《巴黎講課筆記》第二卷第一區分第二問），這段文本中的「本質的存在」與「實在的存在」分別對應於本章中的「本質」與「存在」，因此很明顯，司各脫明確拒絕了「本質與存在有實在區別」這一觀點。

然而，僅憑這段文本便得出「阿奎那與司各脫在存在與本質的區別上持有不同見解」的結論，並不妥當。相反，後續的論述清楚表明，司各脫的主張實際上應理解為「存在與本質不能被視為兩個相異的事物」，這與阿奎那的觀點相當接近。

關於司各脫對存在與本質的論述，現代研究者理查・克羅斯（Richard Cross）特別強調司各脫在《巴黎講課筆記》第二卷第三區分第一部分中的第三問，這裡集中探討了個體化原理。司各脫繼承了阿維森那的理論，認為本性本身並不以現實世界中的個別事物形式存在，因此，為了使某種本性作為現實世界中的個體存在，必須引入「個體化原理」。在第三問中，針對「存在是否有個體化的原理」，司各脫提供了否定的回答。以下我們將概述他關於存在與本質區別的相關論述。

某種本質會在一定的體系中被賦予位置。比方說，人的本質可以從「人是動物」、「動物是生物」等敘述中逐步追溯，最終安置於生物－動物－人這樣的系列之中。在這個體系中，抽象度最高的，是亞里斯多德所稱的「實體」範疇。正如可以看到最高抽象度的事物，最低抽象度的事物也可以在這個體系中找到，據司各脫所言，這就是「個別者」。也就是說，若以蘇格拉底為例，從「實體」到「蘇格拉底」的體系，包括所謂「波菲利之樹」中的各種資訊，都可以表述為蘇格拉底作為人的本質。然而，這其中並不包含「存在」。正如司各脫所言：「這是因為『這個人』並未包含比『人』更多、屬於現實的現實存在形相。」（《巴黎講課筆記》第二卷第三區分第一部第三問）

從這樣的觀點出發，克羅斯主張，司各脫所認定的存在與本質之間的區別是「形相上的區別」。形相的區別是一個極其複雜的概念，無法在此詳述，但大致來說，類似於「人是動物」和「人是理性的」這樣的命題中，「人」、「動物」、「理性」等概念在命題中一方面保持著規定與非規定的關係，另一方面在現實世界中也有相應的對應者；在這種思維方式下，這些對應者之間便存在區別。換句話說，將存在與本質視作形相的區別，意味著認為現實世界的形上學結構與像「蘇格拉底是存在的」這類命題中所蘊含的概念之間，具有某種邏輯上的對應關係。

確實，像吉爾森這樣不認為司各脫將存在與本質的區別視作形相區別的研究者並不在少數。然而，如果專注於思考「存在與本質的區別乃是形相區別」，那麼這種區別便與人類知性中的邏輯學領域有著密切關聯。從這個角度來看，阿奎那與司各脫在對待存在與本質區別的態度上，其實頗為相似。

奧坎的威廉

奧坎的威廉在處理存在與本質的區別時，與先前提到的兩位經院學者略有不同。之所以如此，是因為奧坎在《邏輯大全》與《辯論集七篇》等著作中，將「存在與本質是否有區別」這一問題作為主題來討論。奧坎認為，「存在與本質只是單純的觀念區別，這種區別在現實世界中毫無根據」，這一立場與阿奎那和司各脫截然相反。而支撐奧坎這種觀點的背後，隱含著與阿奎那和司各脫完全不同的前提。

奧坎在這些著作中所直接批判的對象並非阿奎那本人，而是將阿奎那的學說進一步激化、主張「存在與本質是兩個相異事物」的羅馬的吉爾斯（Giles of Rome, 1243/47-1316）。針對這一觀點，奧坎的回應是，存在與本質並非兩個不同的事物，「存在」與「本質」這兩個詞實際上表示的是同一事物。他的論據之一如下：如果存在與本質是不同的，那麼存在要麼是實體，要麼是附帶性。如果存在是附帶性，那麼它必定是性質或量，但奧坎認為這兩者都是錯誤的。如果存在是實體，那麼它必定是質料或形相，或者是兩者的複合體，但這些說法同樣是錯誤的。因此，存在與本質並不是相異的事物。

奧坎不認同存在與本質完全相異這一觀點，也不同意阿奎那在論證存在與本質實在區別時所提出的前提之一——「本質可以在沒有存在的情況下被理解」。奧坎認為，沒有存在的本質只不過是虛無而已。他指出：「天使的實在絕對無法與天使的本質區別開來。然而，在某些情況下，實在並不等同於本質。正確來說……在某些情況下，因為（天使的本質）是無，所以天使的本質會呈現出無本質的狀態。」（《辯論集七篇》第二卷第七問）因此，奧坎認為存在與本質之間存在著不可分割的關係。

如上所述，當奧坎確認了存在與本質並非相異事物後，他接著對「存在」與「本質」這兩個詞彙的意義提出了頗具趣味的指摘：

存在與實在並非兩個不同的事物。相反，「事物」與「存在」這兩個名稱指的是同一個事物，只是前者以名詞形式呈現，而後者則以動詞形式表達。（《邏輯大全》第三部第二項第二七章）

根據奧坎的說法，雖然「事物」（此處可以用「本質」替換）與「存在」這兩個名稱在字面上有所不同，但它們只是用不同方式表示同一事物。換句話說，對奧坎而言，「存在」與「本質」僅僅是文法功能上的區別，實際上是同義詞。因此，在特定語句中，雖然「存在」與「本質」這兩個詞無法互換而不影響句意，但這並非因為它們指涉的對象不同，而僅是文法功能的差異。對此，澀谷克美指出：「根據奧坎的說法，『存在』與『本質』這類具象語與抽象語之間的差異，完全是文法或邏輯上的區別，不應將這種語言上的差異投射到心外的事物層面，也不應認為事物本身有相同的區別。」（《奧坎哲學的基礎》，頁四三）這一點非常重要。換句話說，奧坎不同於阿奎那和司各脫，他明確否定了人類知性的概念及其結構與實在世界的形上學結構之間存在對應關係。

三、本質與形上學

知識論、邏輯學、形上學

以上我們概述了阿奎那、司各脫、奧坎對於存在與本質區別的思考，並進一步大致描繪了他們認為形上學與知識論、邏輯學等其他學術領域之間的關係，或者認為這些領域之間是否存在關聯。關於這方面的成果，接下來會簡要地彙整與總結。

在阿奎那的思想中，存在與本質之間確實存在實在的區別。然而，這裡所說的實在區別並非指兩個相異事物之間的明顯區別，而是一種根植於現實世界的較為緩和的區別。根據這一解釋，阿奎那認為，為了在知性中創造出兩個不同的概念，應當依據現實世界中的區別，特別是在與知識論相關的脈絡下，透過存在與本質的實在區別來理解這一形上學問題。

接下來，在司各脫的思想中，存在與本質被解釋為形相的區別。形相的區別指的是命題中概念之間的邏輯結構與現實世界中概念的對應者之間的形上學結構存在一定的對應關係，這是一個用來保障這種對應的概念。因此，存在與本質的形相區別這一形上學問題，同時也與命題中述語附加的邏輯學問題密切相關。

最後，在奧坎的思想中，存在與本質在現實世界中並無任何區別，只有人類知性創造出的虛構觀念區別被假定存在。根據奧坎的說法，「存在」與「本質」這兩個名稱的差異僅僅是文法功能上的區別，完全不反映現實世界的結構。相反，這兩者在現實世界中實際上表示的是同一個事物。對奧坎來說，形上學不像阿奎那或司各脫所認為的那樣，與知識論或邏輯學有密切的關聯。

如上所述，阿奎那與司各脫在存在與本質的區別上，是否稱其為「實在的」或「形相的」，這只是表面上的差異——當然，他們的學說在細節上確實存在顯著差異——但在基本見解上，他們是相似的，即都試圖在知識論和邏輯學這些與人類知性相關的領域中，探討存在與本質這一形上學對象。另一方面，奧坎則反對這一立場，積極將這兩個領域與形上學分離開來。

那麼，阿奎那與司各脫對形上學的態度與奧坎的態度之間的差異，究竟與什麼有關呢？其中可能涉及許多因素，而其中一個相對重要的因素是他們對阿維森那本性學說的處理方式。接下來，我們將探討此問題。

關於本性

正如在第二節開頭對本質的說明中提到的，根據阿維森那的說法，「馬性僅僅是馬性」。換句話說，本性可以存在於現實中的個別存在者或知性中的普遍概念中，但本性本身並不屬於這兩者。借用司各脫的表述，「本性先於這一切自然存在」（《解釋論註》第二卷第三區分第一部第一問）。因此，本性本身對於其在實在世界或知性中的存在，保持著中立的立場。

透過這種中立性，本性規範了現實中作為個別存在者的本性，以及知性中作為普遍概念的本性。換句話說，本質優先於實在世界中的存在與知性中的存在，並滲透至這兩個領域。如果從另一個角度來看，形上學所處理的實在世界與知識論、邏輯學所涉及的知性領域，都是透過本質作為媒介而相互聯繫的。阿奎那與司各脫在探討存在與本質區別這一形上學問題時，將其置於知識論與邏輯學等與人類知性相關的領域中，這與他們繼承阿維森那的本性理論密切相關。

阿奎那與司各脫將存在與本質的區別這一形上學問題，置於知識論和邏輯學等與人類知性相關的領域加以探討，這與他們繼承了阿維森那的本性理論有著深刻的關聯。

另一方面，奧坎不接受這種關於本性的理論。在批判司各脫的個體化理論時，他直接否定了這種本性觀點，主張現實世界中的所有事物，都是依據自身成為個別的存在。因此，對奧坎而言，任何本質都是作為個別事物的本質存在，所謂「先於存在的本質」根本是無法想像的，這樣的東西完全是虛無。因此，奧坎的立場被評價為「唯名論」。

如果依據這種思考方式，阿奎那與司各脫所主張的「本質作為連結形上學、知識論與邏輯學的橋樑」，就成為不可能的事。因此，奧坎採取的立場是：概念與語彙用法等知性上的結構，與實在世界的形上學結構存在明確的區別，並且作為一項基本原則，兩者之間不應假設存在任何對應關係。

誠如上述，決定本質的理解方式與形上學態度之間何者為因、何者為果可能是困難的，甚至不太可能。然而，我們至少可以看出，兩者之間猶如硬幣的正反面，存在著密切的關聯。因此，透過探討存在與本質的區別問題，我們得以窺見各位哲學家對形上學這門學問的態度究竟如何。

中世紀哲學中的本質

誠如本章所述，亞里斯多德關於存在與本質的概念與阿維森那的本性學說相互交織，促使十三至十四世紀的代表性經院學者在形上學領域展現出多樣的發展。這兩個概念，特別是關於本質的部分，正如我們之前的考察所揭示，已明確顯示出它們成為各位哲學家形上學探究中的核心概念。

另一方面，本質不僅與存在與本質區別的問題相關，還涉及許多其他議題。例如，關於個體化原理的問題，探討的是共通於多數事物的本質如何成為特定的個別者；而在人類知性的抽象認識理論中，則描述了作為知性認識對象的本質，經歷了怎樣的過程，才能在人類知性中轉化為普遍概念。不僅如此，中世紀哲學中著名的普遍論爭，尤其在十三世紀左右，正是圍繞阿維森那的本質展開並加以整理的。這些問題的解決方式，與存在與本質區別的問題類似，會隨著對本質理解的不同而有所變化。對於不認同阿維森那本性理論的奧坎而言，本質本身就是個別者，因此無需再討論個體化問題，普遍概念也不再被視為知性中存在的本質。他提出了一套不同於阿奎那與司各脫抽象理論的知識論。

奧坎對形上學的態度同時也對邏輯學產生了深遠影響。他將邏輯學從形上學的框架中分離出來，這意味著邏輯學不再僅僅是形上學的工具，而是獲得了獨立的地位。奧坎的邏輯學以阿奎那與司各脫未曾見過的方式發展，這背後反映出他與他們在形上學態度上的差異。

如上所述，若要從宏觀角度把握從阿奎那、司各脫到奧坎的哲學思考變化，其中一個核心無疑是對本質理解的轉變。

延伸閱讀

神崎繁、熊野純彥、鈴木泉編，《西方哲學史II「知」的變貌、「信」的階梯》（講談社選書metier，二〇一一年）——關於中世紀哲學，最好入手的論文集。

涉谷克美，《奧坎哲學的基礎》（知泉書館，二〇〇六年）——在理解奧坎哲學方面，可作為基礎的文獻。

上智大學中世思想研究所編譯，《中世思想原典集成18後期經院哲學》（平凡社，一九九八年）——包含了司各脫與奧坎基本文本的翻譯。

山內志朗，《普遍論爭》（平凡社library，二〇〇八年）——包含普遍論爭在內，觸及中世紀哲學各式各樣的話題。卷末的中世紀哲學人名小事典也相當充實。

CHAPTER

four

第四章

阿拉伯哲學與伊斯蘭

小村優太

アラビア哲学とイスラーム

一、哲學在伊斯蘭地區的傳播

阿拉伯哲學？伊斯蘭哲學？

西元九世紀，阿拔斯王朝在哈里發和有力人士的推動下，開始將希臘和波斯的先進知識翻譯成阿拉伯語。其中有大量醫學和天文學書籍，但特別引人注目的是被稱為「falsafah」（哲學）的文獻群。「falsafah」一詞源自希臘語「philosophia」，這充分顯示出哲學與阿拉伯人視為外來的希臘文化之間的深刻聯繫。對當時的人而言，哲學涵蓋了邏輯學、自然學，以及數學和天文學等龐大的學術體系，其核心人物則是亞里斯多德。不同於波愛修斯因遭處決而中斷的亞里斯多德拉丁語翻譯計畫，幾乎所有亞里斯多德的作品都被翻譯成了阿拉伯語。

一方面，新柏拉圖主義的文獻，如普羅提諾的《九章集》和普羅克洛的《神學綱要》，也以模仿亞里斯多德的形式被翻譯成《亞里斯多德神學》和《論純粹善》〔拉丁語名為《原因論》（*Liber de causis*）〕。這種透過新柏拉圖主義來解釋亞里斯多德的方式，基本上承襲了晚期古代亞歷山大學派的傳統。與此相比，柏拉圖自己的作品或許因其對話體的形式而被敬而遠之，幾乎沒有完整的直譯版本，只有蓋倫改寫成論文形式的《蒂邁歐篇》（原希臘文版本已散佚）仍經常被閱讀。此外，儘管當時進行了如此大規模的翻譯活動，荷馬史詩及其他文學作品幾乎未被翻譯，由此可見當時的阿拉伯學者有意識地選擇了哪些作品應該翻譯，哪些則不必翻譯。

那麼，如何稱呼誕生於九世紀阿拔斯王朝的這種哲學活動才更為恰當呢？這個問題其實比表面看來更加複雜。在當時的伊斯蘭社會中，從事將希臘語翻譯成阿拉伯語的主要是基督教徒，有時這些翻譯還會以敘利亞語作為中介。另一方面，實際從事哲學活動的哲學家中，許多人是波斯裔，純粹的阿拉伯人出乎意料地少。在這種情況下，將哲學運作整合起來的是阿拉伯語，作為該地區的通用語。因此，近年來有人主張這一地區的哲學應稱為「阿拉伯（語）哲學」。但另一方面，伊斯蘭思想研究者亨利・柯賓（Henry Corbin, 1903-1978）認為，隨著十一世紀以後越來越多的哲學著作以波斯語和突厥語寫成，應將由阿拉伯人、波斯人和土耳其人用各自語言發展的這種哲學運作稱為「伊斯蘭哲學」。

簡單來說，若將誕生於這個地區的哲學稱為「阿拉伯哲學」，那就等同於忽視了十一世紀以後透過波斯語和突厥語進行的哲學活動；但若稱其為「伊斯蘭哲學」，又等於無視了在阿拔斯王朝下活躍的基督教與猶太教學者的貢獻。

作為外來學問的哲學

阿拉伯人將哲學視為外來學問的這一點，有一個清楚呈現的範例：在九三二年，敘利亞裔基督教邏輯學者阿布・畢修爾・馬塔（Abu Bishr Matta ibn Yunus, 870-940）與阿拉伯語文法學者阿布・薩伊德・西拉菲（Abu Zayd Hasan al-Sirafi, 893/4-979）之間發生了一場關於哲學的論爭。在大臣與有力人士列席的公開討論中，兩人就亞里斯多德的邏輯學與阿拉伯語文法學孰優孰劣展開了激烈辯論。

阿布・畢修爾強調亞里斯多德邏輯學的普遍性，主張哲學作為普遍的學問具有更高的優越性；但阿布・薩伊德反駁說，亞里斯多德的邏輯學並非普遍的，而是徹底建立在希臘語基礎上的學問。如果學習希臘人的邏輯學是應當之事，那就意味著真理只屬於希臘人，將希臘人視為唯一的裁決者。阿布・畢修爾以「四加四等於八」為例，認為透過知性掌握知識，是無關時代與民族的共同事情；然而阿布・薩伊德批評說，透過言語處理的問題並不像數學命題那樣可以清晰呈現，因此這是一種詭辯。他還進一步指出，阿布・畢修爾勸人學習邏輯學，就如同勸人學習希臘語和希臘語文法無異；更嘲諷阿布・畢修爾自己也不懂希臘語，必須依賴敘利亞語和阿拉伯語的翻譯才能理解亞里斯多德的著作。

阿布・薩伊德的主張，歸根究底就是認為應該學習阿拉伯語文法學，而非外來的「希臘語文法學」。據說，這場辯論最終以阿布・薩伊德的壓倒性勝利告終。畢竟，敘利亞裔的阿布・畢修爾不僅不精通阿拉伯語，還有口吃，加上觀眾從一開始就站在支持伊斯蘭固有學問——阿拉伯語文法學的阿布・薩伊德這邊。然而，撇開這些外在因素不談，這場辯論充分展現了阿拉伯哲學對普遍性的強烈追求，以及伊斯蘭社會對外來學問的抗拒。由於阿拉伯哲學不得不依賴希臘語翻譯，在此時，它更傾向於追求人工建構的普遍邏輯，而非自然語言的豐富性。

伊斯蘭固有的學問

既然如此，什麼才是伊斯蘭固有的學問呢？阿拉伯語文法學自不必說，其中還包括法學與神學。尤其是神學，雖然時常與哲學對立，卻又存在著微妙的互補關係。關於伊斯蘭的思辨神學（kalam），其成立仍有許多未解之處；在思想源流上，雖然可以追溯至初期伊斯蘭的反宿命論派（Qadariyah）論爭，但在論述形式上，則可說深受當時敘利亞地區基督教修士的影響。

不論如何，最早期的神學家瓦希爾．伊本．阿塔（Wasil ibn Ata, 700-748）和阿穆爾．伊本．伍巴德（Amr ibn Ubayd, ?-761）所屬的團體，人稱「穆爾太齊賴派」（Mu'tazilism）。他們以真主的「獨一性」（Tawheed）及「正義」（adl）為主要命題，對純粹一神教加以論述，但其重視理性的態度，經常與傳統主義者發生齟齬。穆爾太齊賴派論述的主題範圍相當之廣，其議論不只及於神學內容，也涵蓋了邏輯學與自然學。在自然學方面，他們主張原子論，這點遭到後來依循亞里斯多德材質形相論發展起來的哲學家所批判，不過這些後起之輩在論述神學一般基本命題時，其廣度比穆爾太齊賴派有過之而無不及。

穆爾太齊賴派迎來轉機，是在阿拔斯王朝哈里發馬蒙（八一三—八三三年在位）統治的末期。建設智慧之館、熱心吸收外來學問的馬蒙，指定穆爾太齊賴派為阿拔斯王朝的官定神學。在這樣做的同時，馬蒙也展開異端審問（mihna）；他高舉穆爾太齊賴派的主要命題「古蘭經是被造物」，將許多反對的神學家與傳統主義者打入大牢。結果，這股異端審問的風暴，直到穆塔瓦基勒（八四七－八六一年在位）於八四八年加以終結為止，總共持續了十五年。

哲學與伊斯蘭的融合

出身自阿拉伯貴族欽達族的哲學家肯迪（al-Kindi, 801-873），歷仕於馬蒙、穆阿台綏姆（八三三－八四二年在位）、穆塔瓦基勒等三位哈里發。他一方面熱中於吸收外來知識，另一方面在穆爾太齊賴派壓制異見的時期，積極採納並推動哲學。他所主張的，是將源自外國的哲學與探索真理的伊斯蘭教思想相結合。在其代表作《論第一哲學》中，他作了如下的闡述：

> 是故，獨一為真者和材料、形相、數量、性質等都無關，不能透過其他概念來加以記述，也沒有類、種差、個體、特性或一般附帶性。它是不動的，沒有任何記述可以否定其唯真唯一的意義。換句話說，它就是純粹的一性，除了一性之外什麼也沒有，而由此外的各個「一」所構成的事物，則相當之多。（《論第一哲學》第四章）

從哲學的角度來看，這種觀點明顯帶有強烈的新柏拉圖主義色彩，但同時，它也與穆爾太齊賴派強調真主獨一性的主張奇妙地契合。肯迪是否真的是穆爾太齊賴派的信徒，一直以來都是許多人感興趣的問題。然而，根據現有的資料，尚無法得出一個確定的結論。

肯迪還領導了一個由哲學家和翻譯家組成的團體，將大量重要著作翻譯成阿拉伯語。其中最著名的是根據普羅克洛的《神學綱要》重新編輯與推演，仿照亞里斯多德風格創作的《論純粹善》。《純粹善》並非只是將普羅克洛的思想簡單地翻譯成阿拉伯語，而是大膽地更改其不符合一神教世界觀的部分。尤其在涉及「唯一的真主」這一唯真唯一者時，它比肯迪在《第一哲學》中所持的正統新柏拉圖主義立場更進一步，直接將「唯一者」與「存在」等同起來。這種將「真主（神）＝存在」的細微變化，為阿拉伯哲學史帶來了不可忽視的重要方向性。這部由三十一章組成的小作品後來被翻譯成拉丁語，題為《原因論》，並對拉丁語世界產生了深遠的影響。

二、阿維森那的哲學整合計畫

集新柏拉圖主義與亞里斯多德哲學大成者

出生於薩曼王朝統治下的布哈拉（今烏茲別克）近郊，波斯裔哲學家阿維森那〔Avicenna, 981-1037，原名「伊本・西那」（Ibn Sina）〕以將新柏拉圖主義傾向與亞里斯多德哲學融合而聞名於世。在動盪不安的時代裡，這位哲學家憑藉其獨立不羈的個性，輾轉於各種不同的王朝，於旅途中度過其一生。阿維森那在十七歲時撰寫了《要約形式的靈魂論》，由此開啟了他的哲學生涯。由於成功治療了薩曼王朝蘇丹的病，他獲准使用布哈拉的圖書館，並在那裡接觸了大量古今珍稀書籍。天賦異稟的阿維森那從年輕時期便展現出非凡的才華，在《自傳》中他自豪地寫道：「十八歲時，我就已經完成了所有的學習。」

在阿維森那的哲學學習中，有一段相當著名的插曲，講述他多次閱讀亞里斯多德的《形上學》卻無法理解其核心內容。他反覆讀了四十遍，甚至能將整本書背誦，但仍然無法抓住這本書的目的與意義，最終他一度放棄了對形上學的研究。然而，某天當他在市場上偶然讀到法拉比的短篇《形上學的意圖》時，頓時豁然開朗。這個插曲常被用來強調「即使如阿維森那這樣的天才，也難以理解《形上學》」的難度，但正如迪米特里・古塔斯（Dimitri Gutas）所指出的，這段故事實際上也揭示了在阿拉伯哲學中，對《形上學》的理解必須考慮到該書在哲學體系中的包容性與背景，否則難以真正掌握其中的意涵。

正如亞里斯多德在《形上學》中稱其為「神的學問」一樣，在阿拉伯語中，形上學也被稱為「神學」（以拉西亞）。這種命名與肯迪所推動的將伊斯蘭教與哲學融合的運動相一致。然而，若因此認為阿維森那將《形上學》視為一本討論神的著作，那就誤解了。事實上，《形上學》中涉及神的部分僅限於Λ卷。而法拉比在《形上學的意圖》中也明確指出，形上學是一門「處理存在的學問」。據說，當阿維森那從這一點理解到《形上學》的真正意圖後，內心極為喜悅，激動之下立刻前往清真寺行善布施。

網羅一切哲學分野

正如前述，阿維森那的哲學本質上是亞里斯多德哲學；更精確地說，是融合了新柏拉圖主義影響、與《亞里斯多德神學》和《論絕對善》等仿作相混淆的亞里斯多德哲學。從整體學問架構來看，阿維森那的思想繼承了古代後期的亞歷山大學派傳統。在這個基礎上，他獨自建立了一個龐大的知識體系，涵蓋了包括哲學在內的所有學科。阿維森那的主要著作是《治癒之書》。根據他的弟子朱斯賈尼（al-Juzjani, ?-1070）的記載，阿維森那因為政務繁忙，無法逐一解答弟子的問題，便寫下這本囊括亞里斯多德學派各種學術理論的教科書，以節省時間。這部巨著耗時十五年以上完成，由邏輯學、自然學、數學和形上學四部分組成，幾乎涵蓋了當時所有的思辨學問（不包括醫學和工學等實踐性學科）。可以說，它是當時哲學領域中集大成之作。

據古塔斯所言，儘管這種學問體系在古代後期已經被人設想出來，但由一個人基於統一的哲學觀、撰寫出一本包含所有學問的「大全」，這樣的情況在阿維森那之前，從沒有先例。在這之後，他又撰寫了《救贖之書》、《阿拉烏塔烏拉的哲學》、《暗示與警告》、《東方哲學之書》、《公正判斷之書》等哲學大全（後兩篇現已散佚，僅存部分篇章）。只是，他認為關於數學的學派論爭已經不存在，所以自《救贖之書》以降的大全中，數學部分都被省略了。

存在與本質的區分

阿維森那的本體論中，在後世最知名、但也是毀譽參半的部分，就是他對存在和本質的區分了吧！他在《治癒之書》形而上學章節的第五卷，開始解釋普遍者。據阿維森那所言，所謂普遍者，是用以論及多數事物的東西；它不只是像「人」和「馬」這樣，論及實際的多數事物，也可以如同「七角形的房子」，用來論及現實不存在的多數事物——如果在這世上存在著好幾座七角形的房子，那麼它們就會被統稱為「七角形的房子」；或是拿來討論像太陽和地球這樣，現實中只有一個，但在概念上可能複數存在的事物——太陽和地球在定義上並非獨一，而是偶然只有一個。相關段落如下：

> 故此，普遍者是限於普遍下的某種**事物**，而在這當中，又有僅附隨普遍的（其他）**事物**……假使是人或馬，那麼普遍在這裡就帶有別的意義，也就是（以馬來說的）馬性。話雖如此，馬性的定義並非普遍的定義，因為普遍並不包含馬性的定義。然而話又說回來，儘管馬性並不需要普遍的定義，而是擁有（自足的）定義，但它能如此，也是因為附帶有普遍。馬性的定義本身，完全不具備馬性以外的任何事物，而包含馬性的方法，也和「一」或「多」，「在個物之內」和「在靈魂之內」，還有「在現實之中」或「在可能之中」都沒有關係。毋寧說，（要加上這些性質），只能在具備馬性的情況下。也就是說，「這樣的一種性質」，是和馬性結合、被賦予的屬性。因此，具備這種屬性的馬性，就是「一種（馬性）」。同樣地，具備這種

屬性的馬性，之後也可以具備其他許多的屬性。是故，馬性在這種吻合定義上眾多事物的條件下，成為了一般者；而掌握住關於其所指示的諸多特性與附帶性者，就是特殊者。也因此，馬性本身，就只是馬性而已。（《治癒之書：形而上學》第五卷第一章）

眼前的五匹馬，是作為個別事物的馬；然而作為適用於其全體的概念，我們會想到「普遍的馬」這個概念。但阿維森那說，事實上「普遍的馬」並不具備「馬性」這樣的實體。「普遍的馬」這個概念之所以成為普遍，其條件在於「我們能夠討論眼前的五匹馬，也就是多數的個別事物」。然而，馬性這個本質實際上並不包含在「能夠討論多數的個別事物」之內。同樣地，「一」或「多」、「存在於外界」或「存在於腦海中」、「白」、「黑」、「褐」或「雌」「雄」，這些屬性對馬性而言，全都是外在的附隨物。因此，「馬性」，即對馬的定義，僅僅是「馬性」本身。從這個角度來看，無論馬的存在是在外界還是在我們的腦海中，這都只是馬性的一種附隨屬性而已。

當然，我們在思考馬性的時候，大部分情況下都會在腦海中與某種具體的馬的形象結合。即使我們想像「馬這種東西」，通常也會是一匹具有某種姿態與形態的馬，並存在於我們的腦海中。因此，現實中的馬性或許經常伴隨著某種具體的型態而被思考，但如果僅就馬性本身來說，它就只是單純的馬性而已，不帶任何具體的形象或附隨的屬性。

阿維森那以上的議論，因為把「存在」看成「相較於本質的附帶之物」，所以遭到後世的哲學家嚴重非難——代表性的批判者是經院哲學中期以降的阿奎那，以及伊斯蘭世界的穆拉．沙特拉（Mulla Sadra, 1571/2-1640）等人。事實上，在阿維森那主義者中，也有人試圖從其思想中挖掘出「明示存在的附帶之物」。然而，阿維森那本人是否真的從相對於本質的附帶性來思考存在，研究者之間依然存在著意見分歧。

三、宗教與哲學的對立

哲學的批判者——安薩里

生於塞爾柱王朝統治下圖斯的波斯裔神學家安薩里（Al-Ghazali, 1058-1111），曾跟隨艾什爾里學派（Ash'arism）神學家夏瓦尼（al-Juwayni, 1028-1085）學習。在宰相尼札姆．穆勒克（Nizam al-Mulk, 1018-1092）的推薦下，他年輕時便成為巴格達尼沙米亞學院的沙菲懿派（Shafi'ism）法學教授。安薩里才華橫溢，不僅精通神學，還學習哲學，並嘗試在哲學基礎上批判哲學家的理論。

對安薩里而言，當批判哲學家的時候，僅僅以「因為古蘭經這樣寫」作為理由是下策，這種批評對哲學家而言毫無影響。然而，許多神學家對哲學的批判，往往停留在這種層次。安薩里認為，應當遵循哲學家所使用的邏輯，以其邏輯來檢驗他們的議論，並揭示其中的矛盾，如此才有可能在真正意義上有效地批判哲學家。為此，他首先撰寫了一本名為《哲學家的意圖》的書，旨在讓讀者理解哲學家議論的概要——實際上，這是阿維森那用波斯語撰寫的《阿拉烏塔烏拉的哲學》的阿拉伯語翻譯版。隨後，他撰寫了《哲學家的矛盾》，對哲學家提出的二十個命題加以批判。以往的說法認為，安薩里的哲學批判之後，伊斯蘭地區的哲學遭到了毀滅性的打擊，陷入衰落。然而，近年來我們了解到，事情並非如此單純。

安薩里雖批判了哲學家的二十個命題，但反過來說，除此之外的命題基本上並沒有問題。事實上，安薩里認為，對於伊斯蘭而言，大部分的自然學和邏輯學並不構成威脅，他甚至批判那些質疑這些學科的神學家，認為他們反而對伊斯蘭有害。對他來說，必須批判的主要是涉及神（真主）的形上學部分，以及自然學中關於靈魂的問題。安薩里在《哲學家的矛盾》特別批判的二十個命題中，他認為提倡其中三個命題的人基本上就是不信者（Kafir）。接下來，我們將仔細探討安薩里所批判的這三個命題。

世界是有起始的嗎？

對於伊斯蘭教或基督教這樣的一神教而言，世界是由神所創造的。然而，在亞里斯多德的哲學中，世界是無始無終的。作為一個場域，世界本身既無開始也無結束，只有其中的各種存在者在不斷地生成與消亡。因此，這一問題早在安薩里之前的古代後期地中海世界，已經成為哲學家與基督徒之間的爭論焦點。此外，阿維森那採取了帶有新柏拉圖主義色彩的解釋，他認為創造是奠基於其內部本來不具存在的事物。依據這種解釋，世界並非從無到有的轉變，而是始終以神為其根基。

另一方面，安薩里在《哲學家的矛盾》第一問中，雖然將「世界沒有起始」這一哲學家的主張作為攻擊目標，但他並沒有打算證明世界是被創造生成的，而是單純反駁哲學家的論點而已。安薩里透過對哲學家與神學家的問答，針對「世界沒有起始」的主張逐一加以駁斥。當所有反駁結束後，他的論述也隨之結束。在這些設定的問答中，哲學家只是承認「你們破解了所有難題」，並沒有相應地提出問題來反駁。不過，安薩里卻留下了鏗鏘有力的話語：

我們在本書中要達成的，是透過呈現哲學家的矛盾，動搖他們的說法與教誨，讓他們的論證面目掃地，除此之外再無他者。我們並沒有擁護特定的教義，為此逸脫本書的目的，這樣是不行的。（《哲學家的矛盾》第一問）

當然，對安薩里來說，世界確實是被創造生成的。然而，對於《哲學家的矛盾》這本書而言，重點在於揭示哲學家論點中的矛盾，而不是確立他自己的教義。事實上，在這本書中，安薩里的許多論述都帶有「不能就此果斷認定」的態度，根據情況，他也會提出「雖然內容本身是正確的，但無法以理性證明」這樣的觀點。這一事實清楚地展現了《哲學家的矛盾》這本書的辯論性質。

神會認知個別事物嗎？

在接下來的第十三問中，安薩里討論了「神是否能夠認知個別事物」的命題。若追溯到亞里斯多德本人的觀點，他的神是「不動的動者」，對其他事物完全沒有興趣，只專注於自身的觀想。然而，自阿佛洛狄西亞的亞歷山大（Alexander of Aphrodisias，約三世紀）以來，亞里斯多德學派逐漸認為，神會關心世界，並促使天道的運行。阿維森那也認為，神能夠認知世界中的各種個物。然而，他指出，神作為一個沒有身體的普遍存在，若要個別地認知每一個存在者是不合道理的。因此，他主張「神是以普遍的方式認知個物」。

對安薩里而言，這樣的主張實際上蘊含著動搖伊斯蘭教根本的危險性。因為如果神只能以普遍的方式認知個物，那麼神對薩伊德或阿穆爾等人的認知，就只能停留在「薩伊德是人」、「阿穆爾是人」這樣的普遍層面。按照這種論點，假設薩伊德曾經作惡，後來悔改並成為善人，那麼他在世時所經歷的所有行為，都與神無關。如果真是如此，神又如何根據人的行為來決定死後的賞罰呢？從伊斯蘭的觀點來看，安薩里的批判可謂合情合理。

然而，對阿維森那而言，人的救贖並非神以個別介入來實現。根據阿維森那的世界觀，所有靈魂在本質上都會在死後回歸神的懷抱，個別靈魂的差異僅在於從肉體中淨化所需的時間長短。許多人誤將肉體——其實只是一件暫時的衣物——當作自己的本質，進而將肉體的死亡誤認為自我的終結。靈魂在擺脫這種錯覺之前，將承受宛如地獄般的痛苦。然而，這種痛苦終會結束，靈魂最終會察覺到自己的本質即是「靈魂」，從而獲得救贖。神只需設計好世界，確保在條件成熟時靈魂能夠得到救贖，無需直接干預個別的人類。然而，阿維森那這種過於樂觀的救贖觀，顯然無法被伊斯蘭教所接受。

死後肉體會復活嗎？

《哲學家的矛盾》第二十問討論的是死後肉體復活的問題。在伊斯蘭教和基督教的教義中，世界末日將帶來最後的審判，屆時死者的肉體將復活，接受神的裁決。然而，哲學家們認為，人的本質是靈魂，因此死後並無必要讓肉體復活，而曾經消滅的肉體能夠完整再生，這在邏輯上也十分矛盾。對哲學家而言，古蘭經中所描述的天堂美酒和美食只是象徵或比喻，實際上，靈魂在死後所能享受的快樂僅限於知性上的愉悅。

雖然安薩里也認同知性的快樂優於肉體的快樂，並且死後靈魂所享受的是知性上的快樂，但他並不認為這種快樂只能透過理性來得知。另一方面，哲學家們認為，如果肉體要復活，就必須按照人體的自然生成過程，從胚胎到胎兒，慢慢成形。對於這一論點，安薩里反駁道，雖然人體的生成確實需要遵循這一過程，但神可以自由改變自然法則，因此也完全可以將這個過程縮短為一瞬間。

四、後來的發展

隨著安薩里對哲學家的批判，伊斯蘭地區是否從此與哲學分道揚鑣了呢？實際上完全不是這麼回事。首先，安薩里的批判並不像他自己所宣稱的那麼徹底。他一方面採納了哲學家的部分主張，另一方面卻又表示，這些論證無法僅靠理性完成，必須依賴神聖律法。這種論述方式本質上難以讓神學家完全信服。此外，安薩里也認識到邏輯學作為工具的價值，因此在他的神學理論中，積極採納了亞里斯多德的邏輯學。或許正是由於這個原因，在安薩里逝世後不久，神學家的論述語言顯著出現了「哲學化」的趨勢。與安薩里的初衷相反，神學家們開始廣泛閱讀阿維森那的著作。

不知從何時起，神學家的論述中已經充滿了阿維森那的用語和概念。諷刺的是，對神學哲學化貢獻最大的人，正是安薩里本人。他在《哲學家的矛盾》中批判了二十個命題，反過來說，只要不涉及這二十個命題，對伊斯蘭就不構成威脅。換句話說，他為伊斯蘭的論述提供了一種指引。安薩里的哲學家批判，對哲學家而言是良好的辯論基礎，而對神學家而言，則為他們在採納哲學論點時提供了一個可靠的基準。這股神學哲學化的潮流，到了艾什爾里派神學家法赫魯丁．拉齊（Fakhr al-Din al-Razi, 1150-1210）時，達到了頂峰。他對阿維森那《暗示與警告》的批判性註釋，使得伊斯蘭地區的哲學與神學最終得以融合為一體。

由肯迪殫精竭慮引進、經法拉比與阿維森那發展起來的阿拉伯哲學，確實徹底侷限於知識菁英的範疇，這一點無法否認。大多數哲學家同時身兼科學家與醫生，常在統治者身邊侍奉，因此與普通社會大眾存在明顯的斷層。安薩里的批判或許隱含著這樣的意思——「哲學在伊斯蘭地區，僅限於少數知識菁英階層的專門知識」。他對這種哲學並不抱有期待，因此劃定界線，指出對伊斯蘭這一宗教來說，哪些部分是可以接受的，哪些則會引發問題。透過這種方式，安薩里將「阿拉伯哲學」轉化為「伊斯蘭哲學」，從而可以說拯救了伊斯蘭地區的哲學。

延伸閱讀

《中世思想原典集成11伊斯蘭哲學》（竹下政孝編，平凡社，二〇〇〇年）——在說到底很難有機會觸及第一手文獻的這個領域中，這是一本收錄了各式各樣文獻日譯的貴重書籍。在重編版的《中世思想原典集成：精選4拉丁中世紀的興盛2》（上智大學中世紀思想研究所編譯，平凡社Library，二〇一九年）中，很遺憾地只收錄了原本的兩篇。

亨利・柯賓（Henri Corbin），黑田壽郎、柏木英彥譯，《伊斯蘭哲學史》（岩波書店，一九七四年）——柯賓的著作貫穿了鮮明的「柯賓史觀」，需謹慎留意。然而，作為一位作者統一視角下的思想史描繪，此書堪稱必讀的名作。

安薩里，中村廣治郎譯，《哲學家的矛盾》（*Tahafut al-Falasifa*，平凡社，二〇一五年）——本章所舉出，安薩里對哲學家批判的全譯。姊妹作《哲學家的意圖》（*Maqasid al falasifa*，黑田壽郎譯，岩波書店，一九八五年）近年來也被數位化，入手相當容易。

阿奎那，稲垣良典譯，《論存在之物與本質》（*On Being and Essence*，知泉書館，二〇一二年）——雖然這有點像是取巧，但作為理解阿維森那形上學的最佳教科書，我還是會推薦阿奎那的這本早期作品。在這個時期，阿奎那的本體論深受阿維森那本體論的強烈影響，因此，本書也可以從這個角度來解讀。

CHAPTER

five

第五章　阿奎那激情論與傳統的理論化

松根伸治

トマス情念論による伝統の理論化

一、基本概念與思想泉源

《神學大全》第二部的構想與激情論

當我們閱讀多瑪斯．阿奎那的主要著作《神學大全》中對「激情」的探討時，首先引人注目的是其豐富的敘述。為何在一本神學教科書中會有如此詳細全面的激情論述？這一點著實讓人感到驚奇。與他早期的《四部語錄註解》和《真理論》相比，《神學大全》在處理激情的方式上更為細緻，並致力於構建一個系統化的理論體系。從他對這一主題的投入與熱忱中，不難看出激情對他的重要性。本章將從「傳統理論化」的視角來探討托馬斯的激情論，並藉此介紹西方中世紀倫理思想的一個重要面向。

凝縮阿奎那倫理學精華的《神學大全》第二部之一，開篇即宣言「對具備『神之肖象』的人類的考察」。接著首先討論了人生的終極目的與幸福，並呈現出整體架構後（第一問至第五問），議論的焦點轉向「人的行為本身」與「人的行為根源」。對於前者，主要分析行為成立的條件與過程，以及影響行為善惡的要素（第六問至第二十一問），隨後接續討論激情（第二十二問至第四十八問）。就這樣，激情被歸類於「行為」的範疇內，並在作為倫理學核心的原理探討中占有一席之地。

讓我們簡單回顧一下後續的走向吧！接下來，阿奎那將視野轉向先前所區分的行為根源。

他確認了作為內在根源的習慣的重要性，仔細衡量了促進善行的習慣——「德」，以及導致惡行的習慣——「惡德」（第四十九問至第八十九問）。隨後，他以「引導人向善的外在根源——神，透過法律和神恩幫助人們」的視角，展開了對法律與恩寵的探討（第九十問至第一百一十四問）。以上是第二部之一的概要。阿奎那將這些內容稱為倫理的「一般性考察」。為了賦予這些理論更具體的實踐，他在接下來的第二部之二中，以信、望、愛這三種「超德」（超自然德性），以及智慧、正義、勇氣、節制這四種樞要德為基礎，展開了對各種德行的個別論述。

這樣鳥瞰《神學大全》第二部的整體架構，我們可以發現阿奎那倫理學的核心之一就是德性理論。德性的概念在於「將人的內在本質與超越性的神之恩賜這兩個對立要素包容在一起」（稻垣良典，《阿奎那倫理學之研究》，九州大學出版會，一九九七年，頁五六）。相對而言，激情則是人類與其他動物所共有的特質（第二部之一第六問序言）。然而，在人貼近神的形象並追求完滿的過程中，激情不僅僅是應當克服或導致內心混亂的事物。

激情是什麼？

拉丁語名詞「passio」（被動）與其對應的動詞「pati」（忍受、感受），在用法上相當廣泛。從較為溫和的意義來說，像大氣被陽光照射而產生變化一樣，接受某種事物後的變化都可以稱作「被動」。在這層意義下，人的知性認識與感覺知覺也可以視為某種形式的被動。然而，在一般的用法中，所謂「被動」是指失去某種事物後，接納了另一種事物。舉例來說，水失去冰涼的特質後變得溫熱，或者人的健康被奪走而變得患病，這類變化便是典型的被動。被動通常指的是本性所具備的性質或狀態被剝奪，而在這意義上，激情（passio）正是靈魂的被動（《神學大全》第二部之一，第二十二問第一項）。

中世紀經院學者對靈魂的內在構造是這樣考量的：靈魂可分為上位的理性部分，與下位的感覺部分；同時，它也具有掌握對象的認識、與靠近對象的欲求兩種機能。透過這些區別的組合，我們可以從四種基本能力來思索靈魂：理性、意志（理性的欲求）、感覺的認識、感覺的欲求。理性與意志的運作獨立於身體，但感覺的認識與欲求，則必須要有身體器官。只是，當眼睛這個器官接收到「藍色」這個形象的時候，眼球本身並不會跟著變藍，也就是說，視覺作用本身，並不包含物質的變化。和其他三種能力相比，感覺的欲求在特徵上，更貼近於身體與物質的位置。這種感覺欲求在現實方面的運動，除了激情之外再無他者（第二二問第三項。以下的出處表示會省略《神學大全》第二部之一這一標示）。

故此，激情具有「被動」與「主動」兩個層面。關於這點，又可以從更微觀的視角來考量。當感覺的認識對外界事物予以掌握之際，並不只限於「圓」或「白」這種單純的情報，還包括了「飽滿」、「美味」這樣的感覺在其中。在被認識到的特質觸發下，感覺的欲求首先會產生反應，從而產生出「想要吃掉眼前的饅頭」這樣的慾望。可是，這種欲求的「動」本身，並非空間移動或是物理變化。心會昂揚高漲，也會退縮消沉；雖然我們常這麼說，但這種表現方式其實只是徹頭徹尾的比喻。作為靈魂在非物質方面活動的呼應，身體會產生熱與精氣變動等物質變化，從而使得平時體內的均衡改頭換面。在這點上，我們就可以看出典型的「被動」特質。

這樣的流程整體就可以稱為「靈魂的被動」，也就是「激情」。只不過，認識雖是欲求的前提，但與激情本身還是有區別的。不只如此，在激情的誕生中，占據形相位置的，是感覺欲求的主動；至於伴隨而來的身體變化，則是屬於材質的位置（第三十七問第四項、第四十四問第一項）。雖然這兩個面向在理論上可以區別，但在現實上非常接近，因此在這種場合下，被動的主體不只靈魂也不只身體，而是作為靈魂與身體複合體的人。

在混沌中賦予形貌

為了建構激情論，阿奎那引用了許多前人的智慧。首先是來自聖經、奧斯定、偽狄奧尼修斯（約六世紀）、大馬士革的約翰（約七世紀中葉至八世紀中葉）等東西方基督教思想傳統。其次，則主要依據當時在大學中持續研究的亞里斯多德著作。不僅如此，從十二世紀開始，具備濃厚希臘與伊斯蘭醫學及自然學色彩的靈魂論，透過拉丁語譯本廣為流傳，這也為探討激情的方法開創了一個新局面。特別是阿維森那的《論靈魂》（《治癒之書》自然學部第六卷），成為阿奎那獲取最新資訊的來源之一。在阿奎那的解釋中，也時常可見醫學或生理學的元素，但他所關注和目標仍集中在神學家的視角上，與笛卡兒在《論靈魂的激情》中所展現的生理學者觀點相對比，阿奎那的生理學元素顯得較為稀薄。此外，在阿奎那之前不久，方濟各會士拉羅謝爾的約翰（John of La Rochelle, 1190/1200-1245）與阿奎那的老師大阿爾伯特也曾就激情展開理論探討，這些都是阿奎那最直接的參考來源。

談到歐洲激情論的歷史，斯多葛派占據了相當重要的地位。然而，相較於對亞里斯多德在中世紀哲學中影響的詳細研究，斯多葛派在中世紀哲學中究竟被採納到何種程度，實際上很難準確說明。雖然阿奎那屢次提及「斯多葛派的人們」，但對於該派具體教義的認識仍然是間接且零碎的。他對斯多葛派激情論的理解，主要是依據奧斯定的《天主之城》（第九卷、第十四卷），而這其中也頻繁引用了由西塞羅（Cicero, 106-43 BCE）整理的相關內容。

在解讀這些來源各異、思想傾向不同的著作時，阿奎那總是盡可能地擷取出它們的含義。他在調和並賦予這些論述適當定位的同時，為雜亂無章的議論提供了一個具有明確方向的架構。我們可以將這過程比喻為一場由眾多意見分歧者參與的會議。如果主持人優柔寡斷，將所有意見一併採納，會議將陷入混亂，無法收拾；但如果主持人僅形式上聽取意見，實際上卻一味推動自己的主張，也同樣難以產生好的結果。從這個角度來看，阿奎那就像一位優秀的討論引導者，巧妙地調和各方觀點，並且讓人幾乎感受不到其精湛的技巧。

氣概與慾望

在經院哲學共通的理論架構中，感覺的欲求又可以再細分為「慾望的能力」與「氣概的能力」兩個子項目，這種區別是源自於對象的差異（第二十三問第一項）。這裡所謂「對象的差異」，是指就外界事物與自己行為的哪個面相去著眼，從而產生的差異。慾望的能力，指的是依循感覺去追求明顯適合自己的善、並避開明顯對自己有害的惡，也就是本性的傾向。另一方面，當善與惡以「困難」的相貌呈現之際，與之對峙的就是氣概。故此，氣概的能力是超越人的自然本性反應，具有應對狀況、打破困局力量的性格。

必須注意的是，這裡的「善惡」是從感覺層次上理解的苦樂與利害，亦即基於當事人自身觀點的判斷，因此可能與理性的判斷產生矛盾。此外，我們還必須考慮到一些情況，例如「原本看似善，但後來辨明實際上並非真正的善」，或者「當事人眼中認為是善，但其他人客觀判斷卻並非如此」。

在思考靈魂與身體的關係、以及靈魂的能力時，阿奎那最仰賴的是亞里斯多德，但在氣概與慾望區分的重要性方面，則是直接習自前述的約翰、以及其賴為依據的涅梅西斯（Nemesius of Emesa，約四世紀末）。阿奎那在激情論與行為論方面，相當重視這兩位敘利亞思想家。涅梅西斯的《論人之本性》與約翰的《正統信仰論》（八世紀撰寫的《知識之泉》第三部）原本均為希臘語著作，但在阿奎那所處的時代，已經可以讀到比薩的布爾貢迪歐（Burgundio of Pisa, 1110-1193）所翻譯的拉丁語版本。區分兩種能力的思想淵源，來自柏拉圖在《理想國》中對理智、氣概與慾望三者的劃分，但阿奎那並未直接閱讀過柏拉圖的原文。

二、如何理解多元的激情？

激情的地圖（一）——對象與方向

讓我們來看看阿奎那的具體論述吧！他的出發點，是「朝反方向運作的激情」這一經驗性質的事實（第二三問第二項）。激情既然是一種運動，那按照亞里斯多德在《自然學》中所述、關於運動的理論，我們可以從兩種正反運動來思索：一種是基於攸關運動的兩極對立上，所產生的正反運動，另一種則是對極點的接近與後退，這樣的正反運動。

慾望的能力所面對的對象，是無條件地被認知為善與惡。從定義上來說，善是應該追求的對象，惡則是應該避開的對象，因此，不會產生從善後退或朝惡靠近的情況。在這種情況下，我們只需根據善與惡的極端對立這一首要意義來考量。因此，慾望能力在朝向善的運動中會產生愛、慾望、喜悅等激情，而當試圖從惡退避時，則會產生憎惡、迴避、悲傷等激情。

相較之下，氣概的能力也會產生多種激情，但由於前述兩種正反向運動皆成立，變得更加複雜。具體來說，我們可以從善的接近與退避、以及惡的接近與退避這四個角度來考量。首先，面對「難以達成的善」，會引發相反方向的慾望。因為善吸引心靈，但困難的特質也會讓人卻步。我們可以想像一位登山者，當他想到山頂的美麗景色與登頂的成就感時，心情會高昂；但當他考慮到險峻的路途時，又可能萌生想要放棄的念頭。因此，追求困難之善的激情是希望，而選擇退縮的激情則是絕望。

同樣地，面對「難以迴避或抵抗的惡」時，也會產生相似的情況。儘管惡是讓人想要逃避的對象，但在困境面前，內心往往會生出不願屈服的力量。例如，病人在預見未來的痛苦時，可能會感到恐懼，但也可能勇敢地挑戰，奮起面對艱難的治療。試圖逃避困難之惡的情感稱為恐懼，而勇敢面對它的情感則是無畏。

激情的地圖（二）——相互關係

在慾望的能力中，我們可以發現三組激情（第二十五問第二項、第三項）。首先，我們會對符合自己本性的善產生共鳴與好感；相對地，對威脅自身利益、與自己為敵並對自己有害的事物，即所謂的「惡」，則無法調和。這便是「愛與恨」，它們構成了慾望與對象之間關係的本質，並成為其他激情的基礎。第二組對立概念是「慾望與迴避」。當尚未獲得所愛的善時，心靈會被其吸引，並努力追求；而當憎惡的惡尚未臨近時，則會產生試圖迴避的行為。第三組激情針對的是已經獲得的善與已經降臨的惡，這即是「喜與悲」，或更具體地稱為「快樂與痛苦」。

阿奎那透過區分「尚未擁有的對象」與「當下眼前的對象」來探討激情的差異。當追求的善成為己有時，心靈得以充實，這時人便感到喜悅；相反，當人意識到自己極力逃避的惡最終與自己糾纏不清時，便會感到悲傷。由於對惡的認識實際上是對善的缺失的認識，因此悲傷是一種針對缺失或不存在的激情。即便如此，對我們來說，悲傷的真實感仍然極為強烈（第三十六問第一項）。

在氣概的能力中，首先對立的是「希望與絕望」。兩者都以難以獲得的未來之善為目標，但希望是針對被認為有達成可能的善，而絕望則針對被認為無法達成的善。換言之，當心靈朝向「雖然困難但並非不可能獲得」的善邁進時，這種心靈的運作即是希望（第四十問第一項）。其次對立的是「恐懼與勇敢」。兩者的共通點在於它們都以「難以抵抗的未來之惡」為對象。當預見的惡被認為是無法對抗且會持續存在時，人們會想像自己將被這種惡吞噬，從而產生退縮，這就是恐懼。相反地，當面對同樣的惡時，若選擇賭上一切可能性來克服它，這便是勇敢（第四十五問第一項）。

此外，憤怒作為一種激情，也是氣概能力中的重要驅動力。當面對即將對自己造成傷害的困難之惡時，發動攻擊的行動便是憤怒。然而，我們無法找到與之對立的激情（第二十三問第三項）。

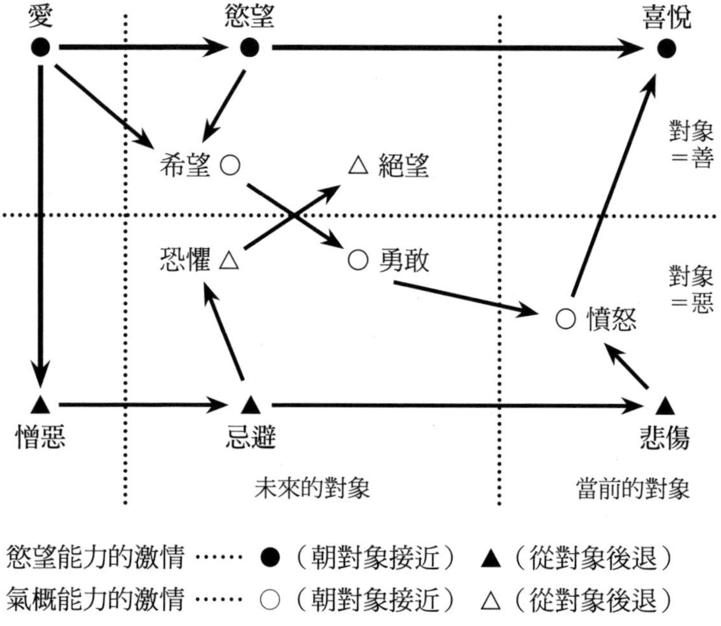

概略圖　依種類而異的十一種激情

為了探討激情這一繁雜且複雜的現象，阿奎那試圖繪製一幅精確且值得信賴的理論地圖。雖然感情和慾望與我們息息相關，但在討論它們時，所使用的語言往往含糊不清。因此，我們必須仔細推敲這些不明確的語法，理清概念的輪廓及其相互關係，以增進理解。阿奎那斷言，上述的十一種激情是「種類相異的激情」，各種形形色色的激情都可歸納於這十一種之內（第二十三問第四項）。像憐憫、嫉妒、羞恥心、驚訝等激情，根據阿奎那的概念架構，屬於限定且次要的類型。然而，正因其定位微妙且難以界定，反而成為重要的考察對象。實際上，這些激情在《神學大全》中也得到了各自的討論與主題化處理。

人的成熟與激情

激情是一種對外界的反應，除了人類以外，動物確實也具備類似的機制。如果將激情本身從其他要素中單獨分離來考量，表面上我們無法在其中看到善與惡的存在，但這在現實中是不可能的。激情與善惡之間的深刻聯繫，正是因其與理性和意志的結合而產生的（第二十四問第一項）。

這些被分類的激情，不一定存在明確的善惡區分。即使一般認為愛與希望等肯定性激情常與善相關，而憎惡與絕望等被視為否定性激情，也並不能說它們總是屬於惡。然而，激情在具體的自我與對象的關係中，必然會帶有善與惡的性質。各種由內心產生的激情，如何與當事人的世界產生聯繫？這種關聯最為重要的意義，正是倫理與幸福的問題。因此，對阿奎那而言，激情的理解不僅僅是生理學的範疇，而更是哲學與神學的課題。

正如一開始所提到的，激情經常伴隨著身體的變化，兩者結合十分緊密。喜悅時臉頰泛紅，悲傷時淚水盈眶。然而，這些生理反應並非激情的本質。另一方面，激情是認識過程中的不可或缺前提，並且反過來對認識產生極大的影響。即便如此，激情依然是純粹的欲求能力活動，因此必須嚴格區分它與認識作用本身。那麼，我們如何看待具體的對象與行為，並在特定情境中容易產生怎樣的激情？左右這一過程的關鍵因素，就是人內心所養成的習慣（habitus）。

在阿奎那的思考中，引導慾望能力走向完善的，是以「節制」為核心的各種美德。對於渴求對象的執著，以及在難以獲得時的沮喪，雖然對我們來說是自然的反應，但也常常使我們偏離中庸之道。特別是與食物和性相關的快樂與痛苦，其影響甚大，對這些慾望的控制不僅是倫理的基礎，也是人類文化的起源。節制的美德不同於單純的謹慎或禁慾；它的特徵在於反思自身，並引導心靈朝向更加清明透澈的方向（尤瑟夫・皮柏（Joseph Pieper），《論四樞要德：在西方傳統中學習》，松尾雄二譯，知泉書館，二〇〇七年，頁一八〇—一八五、二三九—二四二）。因此，圍繞慾望的人格培養目標，並不是要徹底消除激情，也不僅僅是馴服失控的情慾而已。

另一方面，引導氣概能力達到完善的，是以「勇氣」為核心的各種美德，調節恐懼與勇敢是其主要任務。在面對與世界接觸時所遇到的困難局面，心靈容易受挫，因此需要具備柔韌的抵抗力與回復力（resilience）。如果缺乏以希望為基礎的自我肯定感，心靈就會變得卑屈並萎縮。然而，控制因虛榮與野心膨脹的情緒，同樣是個人成長中不可或缺的一部分。雖然氣概相關的美德主要目的是強化心智，但從上述分析可知，我們應追求的強韌內涵實際上遠非單一簡單的力量。

情慾的失控與心靈的脆弱，是人類特有的棘手煩惱，其他動物並不會面臨這些問題。雖然可以從原罪對自然本性的「傷害」來探討其根本原因，但這現象的起點源於人類所被賦予的條件。阿奎那與那些將激情視為靈魂「混亂」或「病徵」的觀點保持距離。他認為感覺的欲求是可以與理性和意志的運作能力達到調和的。在這種調和之下所產生的多姿多彩的激情，對人類的成熟與幸福而言，反而是不可或缺的要素（第二十四問第二項、第三項）。

激情的地圖（三）——連鎖

倘若將慾望能力產生激情的過程簡化後，那麼按照幸福的劇本是接近善。在這一過程中，基於愛的慾望行為最終在獲得對象後的喜悅中得到安穩。不幸的劇本則是遠離惡，從憎惡開始的迴避行動最終以挫折的悲傷告終。然而，這並不意味激情總是如此連貫地發展，現實中往往充滿迂迴與糾葛。例如，當慾望無法滿足時，悲傷便會隨之而生。此外，正如先前所述，喜悅不一定代表幸福，悲傷也未必等同於不幸。儘管惡的經歷令人厭惡，但在人生中卻無法避免。當我們面對惡並適時感到悲傷時，這反而可能是對我們有益且善的（第三十九問第一項、第三項）。

當我們考察激情之間的相互關聯時，必須以兩個主要原則為指導：首先，以善為對象的激情在本質上優先於以惡為對象的激情；其次，對象與作用之間的關係，原本就是「追求善」與「迴避惡」。因此，氣概能力中的激情遵循這一基本秩序：希望（善的追求）位於絕望（善的迴避）之前，恐懼（惡的迴避）則位於勇敢（惡的追求）之前，而面對當前惡的憤怒則排在最後（第二十五問第三項）。然而，從實際發展的過程來看，與困難前進有深刻聯繫的正是希望與勇敢之間的關係；希望的出現促使勇敢的產生。同樣地，面對即將來臨的困難時，退縮的反應也存在著緊密的關聯，恐懼會隨之導致絕望的出現（第四十五問第二項）。

讓我們將憤怒的定位納入考量。憤怒是將出現在自己面前且有害的事態與人物視為「惡」並予以攻擊，但在應實現的報復上，又能看到「善」的一面。因此，除了對惡的悲傷之外，打破現狀的希望與勇敢也是憤怒的前提；如果成功達成攻擊或報復，則會隨之產生喜悅（第四十六問第二項、第四十八問第一項）。

讓我們重新考慮整體的圖像。喜悅與悲傷位於所有激情運動的終結位置，具有靜止的特殊性質（第二十五問第三項、第四項）。在氣概的激情群中，慾望與迴避占據優先地位。這是因為，慾望的本質中包含對對象的強烈追求以及激情的昇華，從而轉化為希望；而迴避的本質則源於對難以避免的對象所帶來的重壓，進而產生恐懼的激情（第二十五問第一項）。此外，所有這些情感的根本是愛與憎恨。然而，根據之前的原則，對善的共鳴所產生的愛，優於對惡的反抗所引發的憎恨（第二十九問第二項）。

因此，這種激情連鎖的起點是愛。在《神學大全》中，對激情的個別討論將愛的考察置於首位，充分體現了這一觀點。愛不僅是整個過程的起點，也是貫穿所有運作的基礎要素。這一以愛為核心的構想，正是自奧斯定以來基督教思想傳統的繼承。

三、激情論的目的與背景

從意志的發現到唯意志論的進展

這樣的激情網絡與理性和意志相互協作，因此實際上可以進行更為複雜的解釋。在夏目漱石所著的《草枕》開頭，有這樣一段句子：「發揮才智，則鋒芒畢露；任憑感情，則流於世俗；堅持己見，則多方掣肘。」這句話揭示了智、情、意三者各自的困境，但同時也可以理解為理性、激情與意志三者之間需要保持平衡。如果將「堅持己見」視為與氣概相近，那麼它們之間的關係就會變得有些複雜。不過，我們現在暫且不提這一點，而是專注於對意志的探討。

雖然在思想史上很難正確辨別，但古代希臘哲學中並不存在與「意志」（拉丁語voluntas，近代語volonte、will、wille等）完全相符的詞彙，因此我們可以說，意志實際上是後代所發現的。確實，希臘語中的欲求（boulēsis）、意欲（thelēsis）和慾望（epithymia）等詞彙中都包含了接近意志的要素。也有學者認為，柏拉圖的氣概（thymos）、亞里斯多德的選擇（proairesis）及自發性（hekousion），以及斯多葛派的同意（sunkatathesis）等概念中隱含了與意志相似的特徵，還有人指出舊約和新約中的用語也涉及意志的概念。然而，這些概念無論哪一個，都不如奧斯定所用的「意志」作為探討人心與行動的關鍵詞那樣輪廓鮮明。因此，漢娜・鄂蘭（Hannah Arendt）稱奧斯定為「首位探討意志的哲學家」，這一評價是相當正當的（《精神生活》下卷，佐藤和夫譯，岩波書店，一九九四年，頁一二〇以下）。

經院哲學中的意志概念具有兩個特徵：一是「朝向理性展現對象前進的行為原動力」，二是「罪的主要責任所應歸屬的部分」。從這個意義上來看，若沒有意志，經院倫理學便無法成立。阿奎那非常重視理性與意志之間的互動關係，並試圖釐清兩者各自與激情相關的架構。然而，在他去世後，重視意志自律與自發性的根特的亨利（Henry of Ghent, before 1240-1293）與方濟各會士，以及重視行為中理性角色的方丹的戈弗雷（Godfrey of Fontaines, before 1250-1306/09）之間的對立變得愈發尖銳，唯意志論（voluntarism）與智識主義（intellectualism）之間的論戰也日益激烈。作為一種趨勢，像一二七七年的禁令所具體呈現的那樣，以意志為核心來考量倫理與幸福的傾向，已成為主流。

唯意志論對激情的探討與阿奎那存在顯著差異。首先，司各脫和奧坎對「意志的激情」的論述展現出與阿奎那根本不同的思考架構。此外，他們在所有倫理道德的基礎上都挖掘出意志的作用。與阿奎那將意志視為「理性的欲求」不同，他們在重視意志的同時，也將激情視為德行發揮的重要領域，並賦予其「感覺的欲求」的定位。相對而言，承擔倫理責任的必然是靈魂的高級能力，而這種思考方式在十三世紀末以後變得愈加強烈。在這樣的背景下，阿奎那將勇氣與節制等倫理道德視為建立在氣概與慾望能力之上的想法，反而成為少數派。

阿奎那是為了什麼而寫激情論的？

關於同時代學者如何解讀阿奎那的激情論，現存資料所知有限。儘管存在上述的變化，但在大幅採納阿奎那理論或是對其展開正面批判的情況下，系統化的激情論並不明顯。對於阿奎那這種相對孤立的情況，山內志朗在其論文〈中世紀哲學與激情論的譜系〉中有所提及。山內認為，阿奎那的論述「無論在質或量上，都是激情論的寶庫」，並且將其置於從修道院神學到尚・熱爾松（Jean Gerson, 1363-1429）這一中世紀思想譜系中加以呈現，同時他也指出對阿奎那理論的評價實際上是矛盾的（《西方中世紀研究》第一號，二〇〇九年，頁七五—八六）。

最後，我想對阿奎那詳細書寫激情論的目的與意義提供整體性的思考。他的課題在於解開由事態本身及繁多典故所引發的錯綜複雜。正如我們所見，阿奎那重視激情在論理中扮演的重要角色，並全力以赴地解釋這一貼近生活但相當複雜的現象。在這方面，我們可以指出以下三點：

一、從《神學大全》的架構層面來看，第二部之一的激情論分析本身，是以道德為中心的倫理學不可或缺的前提。這對於研究激情的德與惡德的考察來說，不僅是必要的，而且用來指涉激情的語彙常被他直接轉用來表達德與惡德等新的恆常狀態。例如，愛與希望在道德理論中是關鍵條件，而憤怒則常在章節中被討論為惡德。在第二部之二中，阿奎那也經常使用「就像我們在論及激情時已經提到的……」這種固定的表述方式；這不僅敦促讀者在作品內相互參考，也顯示了他對議論之間的關聯的敏銳意識。

二、我們可以關注教會和修道會在理論上為引導信徒生活所推動的整頓工作。在一二一五年的第四次拉特朗大公會議中，規定一般信徒有義務每年進行一次告解，因此圍繞激情的人性理解對於那些希望成為牧者的人而言，是一個相當重要的課題。實際上，阿奎那撰寫《神學大全》第二部的意圖之一，就是為了為告解神父提供一份指導，以幫助他們克服當時非系統性的敘述（關於這一點，山本芳久在《阿奎那：肯定的哲學》一書中有清晰的說明，該書由慶應義塾大學出版會於二〇一四年出版，頁八四—一〇一）。

三、與「基督的激情」這一論點的關係。在《神學大全》第三部中，阿奎那針對基督受難的可能性提出問題，並討論痛苦、悲傷、恐懼、驚駭和憤怒的存在及其意義（第一五問第四項至第九項）。在這裡，「passio」不僅指「激情」，還包含了「受難」的意義，因此觸及了基督教神學的核心。雖然第二部的激情論是專門為討論基督的激情與受難而寫，未免言過其實，但阿奎那無疑是在考慮到第三部的背景下，將其視為先導篇章來撰寫。因此，第二部的激情論實際上應與第三部的基督激情論交替閱讀，以獲得更深入的理解。

小結

根據山田晶的回憶，山內在授課時曾將阿奎那的思想比喻為「湖」。他說：「西方自古以來的思想，涓涓流入這個湖中，在此被過濾、變得清澄，然後化為一道道細流，朝著近世的方向流去」，這就是他的印象（山田晶編，《阿奎那》世界的名著20，中央公論社，一九八〇年，頁七）。確實，在阿奎那的激情論中，我們可以發現許多思想的源泉。雖然在開頭提到「傳統的理論化」，但他所參考的其實是多元且多樣的傳統。阿奎那不僅在各個要點上使用了許多文本，還在首尾一貫的方針下將其中引出的理念與用語聯繫起來，從而建構出屬於自己的理論。

雖然本章聚焦於討論議論的基本構造，但值得注意的是阿奎那如何將這裡所見的一般理論應用於個別考察。即使在激情論的範疇內，仍有許多本章未能觸及但卻引人深思的主題。例如：愛是否會傷害主體？人會憎恨真理嗎？慾望是無限的嗎？痛苦與悲傷是否能隨著眼淚而緩和？動物也有希望嗎？恐懼是否能促使人深思熟慮？憤怒是否會從沉默中產生？（以上舉例的主題均屬於第二部之一的激情論，共包含一百三十二項）。此外，在第二部之二有關德與惡德的敘述中，反映出對人類心理的深入洞察，這種展開與第二部之一的架構之間具有密切的聯繫。因此，我在此推薦讀者懷著愉悅的心情去閱讀《神學大全》第二部中這些值得關注的部分。

延伸閱讀

山本芳久，《阿奎那：肯定的哲學》（慶應義塾大學出版會，二〇一四年）——以感情理論為線索，對貫串阿奎那哲學的特徵——對世界與人的肯定讚美一面——予以強調，是一部清新的研究作品。透過具體的文本，傳達出阿奎那論述的魅力。

尼古拉・隆巴德（Nicholas E. Lombardo），佐良土茂樹譯，〈阿奎那的感情論〉（《天主教研究》上智大學神學會編，第八二號，二〇一三年）——包含神學視野在內，列舉了多樣化的論點，可以清楚了解阿奎那議論的豐富與廣泛。

池上俊一，《身體與中世紀》（筑摩學藝文庫，二〇〇一年）——透過眾多事例，鮮明傳達中世紀的人們在感情與感覺方面思考的有趣與意義。在歷史學中，關於感情史的研究有相當多的出版品，而這個範疇也形成了歷史學與哲學對話的有益場域。

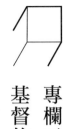

專欄三

基督的肢體　小池壽子

基督受難像除了具備禮拜像的功能外，自十三世紀以降，亦展現出日益深刻的死亡形象。圍繞著神子耶穌的兩性論（神性與人性）一方面與三位一體論密切相關，構成神學上的論點；另一方面，隨著神祕主義的興起及「新靈修運動」（devotio moderna）等信仰運動的增長，各種基督受難的形象，如「哀慟之人」（Man of Sorrows）以及強調傷口與受難器具相連的「基督的武器」（Arma Christi），紛紛出現，展現出多樣化的痛楚基督圖像。類似「喪葬紀念碑」（transi）和「死亡之舞」（Danse Macabre）等死者圖像的流行，正是源於這種視死去基督的肢體為救贖的隱喻性思想譜系。賦予腐朽肉體不死性，使面臨死亡的人們產生深厚且堅韌的救贖願望，這種對身體論的倒轉根基，正是源於使徒保羅的話語。

保羅主張，仿效基督的復活，原本卑微腐朽的死者也會以不朽、閃耀且強大的形態復活：「死人復活也是這樣：所種的是必朽壞的，復活的是不朽壞的……所種的是血氣的身體，復活的是靈性的身體。」（《哥林多前書》一五：四二—四四）這種腐敗的肢體將化為靈性身體的信念，特別成為屍體紀念碑產生的依據。展現死後肉體變化的喪葬紀念碑，其顯著特徵在一三八〇年左右至十六世紀的墓像中廣泛存在。這是一種透過將作為罪的證明的腐敗肢體暴露出來，以進行對罪的告解並祈求救贖的特異墓像。特別是在英格蘭的墓碑上，常見雙層構造：上部是披著生前職衣的橫臥像（gisant），下部則安置著喪葬紀念碑。關於這種墓像的起源與功能，坎特洛維茨（Ernst Kantorowicz）在其著作《國王的兩個身體：中世紀政治神學研究》（*The King's Two Bodies: A Study in Medieval Political Theology*）中展開了深入而廣泛的論述。

關於這種雙層構造，還有葬禮儀式中的「國王肖像」。在葬禮上公開展示遺體的習俗，最早源於一三二七年九月二十一日愛德華二世逝世的葬儀，當時首次使用了酷似國王容貌的葬禮肖像，隨後在葬禮儀式中逐漸發展起來。此後，這樣的肖像也被用於法國王位繼承者亨利五世的葬儀，以及兩個月後逝世的法國國王查理六世的葬儀，為十六世紀法國王室的壯麗葬禮儀式揭開了序幕。在搬運這些看似仍在世間的國王葬儀肖像的棺槨下方，則是被布遮掩的、已然腐朽的肉身與肢體。

這種政治身體與自然身體的對峙，與十一世紀以後將身體予以制度性分割的發想息息相關，這一習俗將王侯貴族的遺體分為心臟、內臟和骨頭等三部分埋葬。即使將遺體分為三部分，仍然將作為基督身體統整起來的國家結合為一。這樣的理念源於保羅的論述「教會是基督的身體」。基督的肢體不僅是對特定個人的救贖，也是國家理念的隱喻；從這一視角向外延伸，形成了涵蓋基督教歐洲全境的重要概念。

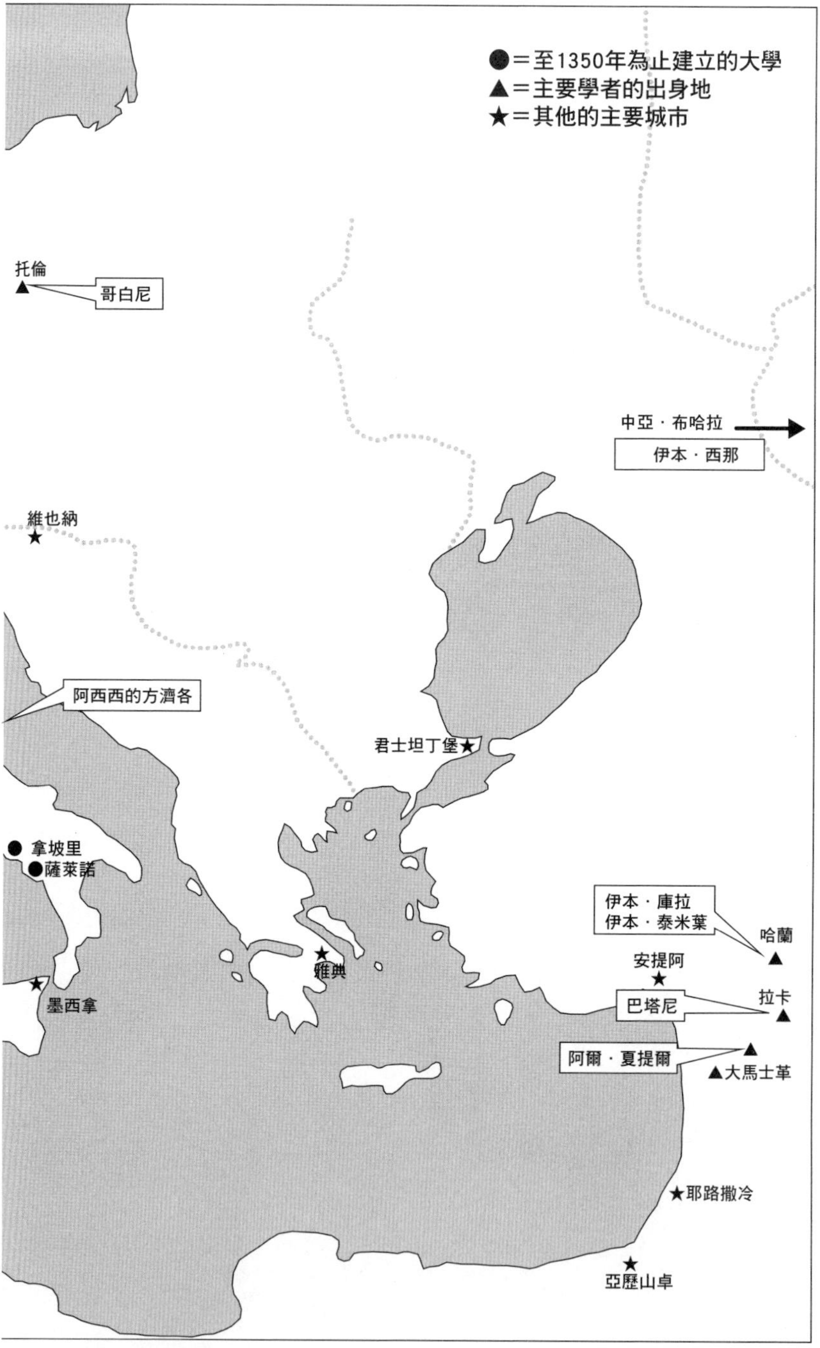
●＝至1350年為止建立的大學
▲＝主要學者的出身地
★＝其他的主要城市
托倫
哥白尼
中亞・布哈拉
伊本・西那
維也納
阿西西的方濟各
君士坦丁堡
拿坡里
薩萊諾
伊本・庫拉
伊本・泰米葉
哈蘭
安提阿
雅典
墨西拿
巴塔尼
拉卡
阿爾・夏提爾
大馬士革
耶路撒冷
亞歷山卓

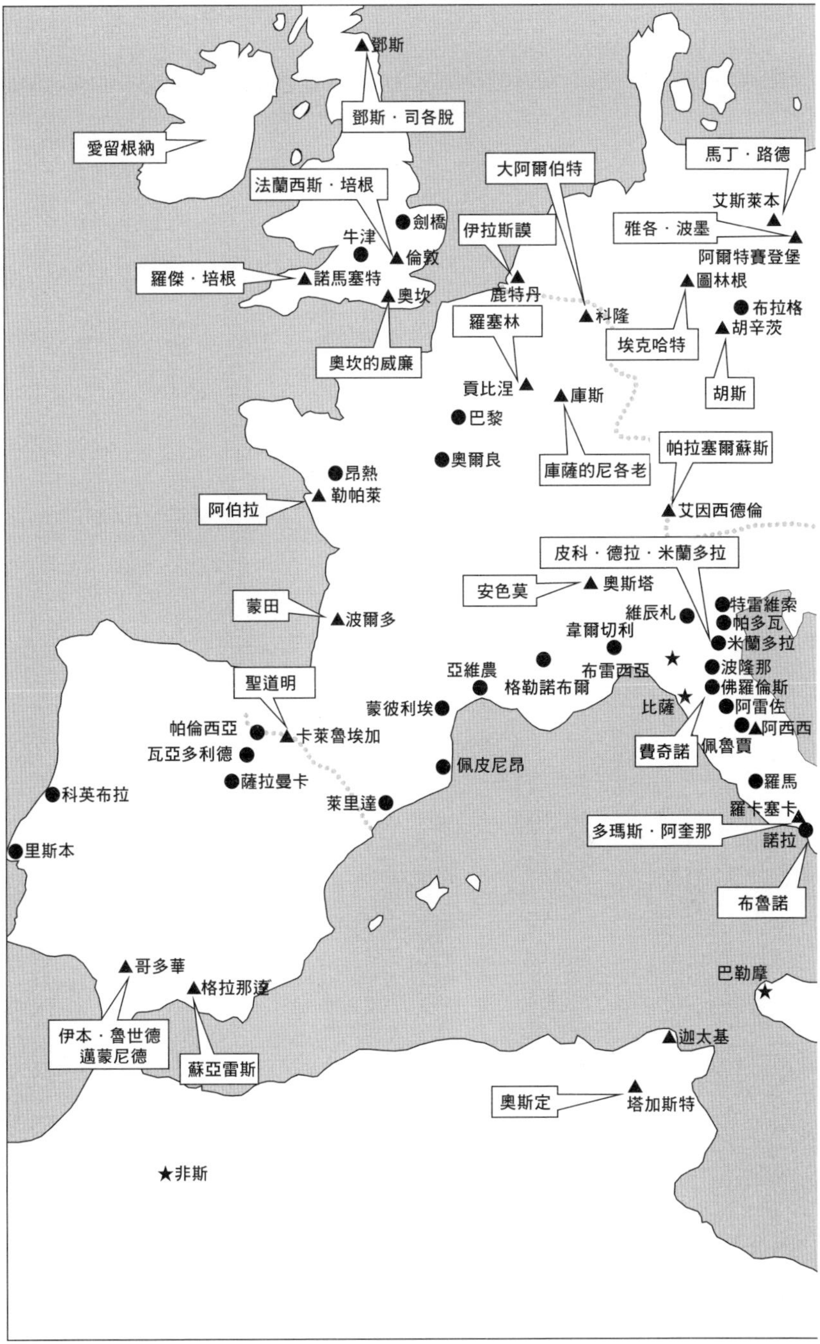

從歐洲到西亞的中世紀哲學地圖

CHAPTER SIX

第六章

總結西方中世紀哲學的唯名論

辻內宣博

西洋中世哲学の総括としての唯名論

一、西方中世紀哲學與普遍論爭

所謂西方中世紀哲學

究竟所謂的「西方中世紀哲學」是指什麼樣的一套哲學呢？老實說，這個問題的回答相當困難。例如，當我們試著從歷史的角度來眺望時，西方中世紀哲學大概會被視為利用基於理性的古代希臘哲學來解釋基於信仰的基督教，也就是所謂的「基督教哲學」。換句話說，西方中世紀哲學是一種理性與信仰相互交融的思想，嚴格來說，甚至不能被稱作真正的哲學。實際上，無論是證明神的存在，還是說明基督教特有的三位一體論，或者探討神的恩寵與人類自由意志之間的關係，這些都是它所涉及的內容。然而，如果我們僅僅依據理性的學問（哲學）和依賴信仰的學問（神學）來仔細區分，並觀察西方中世紀哲學的現場，儘管這種判斷在某種程度上是正確的，仍然無法全面概括其性質。（更詳細的說明，請參考本書第一章〈城市的發達與個人的覺醒〉）。

如果反過來，從歷史的終點往回眺望，也就是從被視為西方近世哲學之祖的笛卡兒（René Descartes, 1596-1650）的角度出發，情況會如何呢？換句話說，如果笛卡兒的意圖是根本上質疑亞里斯多德式的思考架構，並試圖從頭建立一套全新的哲學，那麼至少自十二世紀文藝復興以來的西方中世紀哲學，應該被認定為「亞里斯多德主義哲學」了吧？實際上，當伽利略（Galileo

Galilei, 1564-1642）主張反對天動說的「地動說」時，天動說的理論基礎正是亞里斯多德，因此亞里斯多德也成為了基督教教會的權威。更進一步說，西方近世哲學與近代科學的形成，都是在徹底顛覆亞里斯多德的哲學或自然學架構之後出現的。因此，從這個角度看，被西方近世與近代所超越的西方中世紀哲學，應該是「亞里斯多德式」的。然而，儘管這一判斷大致上是正確的，但仔細檢視西方中世紀哲學的內容時，我們會發現其中有許多部分並非亞里斯多德主義。

從以上的角度來看，要賦予西方中世紀哲學一種具有「一致性」的知識運作特徵，實際上幾乎是不可能的，這一點是無可否認的。西方中世紀哲學的主題不僅多樣化，也展現出從各種角度開展哲學討論的風貌。話雖如此，若說沒有一個視角能夠貫穿西方中世紀哲學的整體性並持續探究，那也不完全正確。其中一個重要的視角，就是所謂的「普遍論爭」。此外，本書第三章〈西方中世紀的存在與本質〉也是這樣的視角之一，並與本章的討論有著密切的關聯。

所謂「普遍論爭」的視角

在這個世界上，實際存在的只有小黑或小白、這張桌子或那張桌子等一個又一個的「個物」。然而，從另一方面來看，小黑、小白、這張桌子或那張桌子等個物，又可歸屬於「狗」和「桌子」等範疇，進而在我們人類的腦海中形成理解。既然如此，那麼作為小黑和小白的共同範疇的「狗」，也就是加在小黑和小白身上的共通述語（例如「小黑是狗」、「小白是狗」）——「狗」，到底存在於哪裡呢？它是存在於實際的小黑、小白等個物之中，屬於其內在性質，還是僅僅存在於我們人類的知性之中呢？

針對這個問題，波愛修斯（Boethius, ca. 480-525）指出，從真偽判定的角度來看，名為「狗」的普遍概念應當實際存在於小黑和小白等個體之中。換句話說，若命題「小黑是狗」要為真，那麼眼前的實體小黑應該以某種方式實際具備「狗」所應有的特徵。反過來，我們觀察眼前的小黑、小白等個體，並從中抽象出它們所應具備的特徵，透過心智的運作，以某種方式掌握內在於小黑與小白之間的「狗」的普遍特性，從而在心中形成「狗」的普遍概念，最終判斷「小黑是狗」這個命題為真。這樣的思考方式被稱為「唯實論」。

另一方面，奧坎的威廉提出了「奧坎剃刀」這一原則——當有兩個理論用來解釋同一現象時，應採取較為簡單的理論；相反地，捨棄某個理論的原因在於它摻雜了不必要的說明——因此，透過「狗」這個普遍概念所表現出來的內容，並不一定需要內在於小黑、小白等個體之中。只要「狗」這種普遍在我們心中作為言語或概念存在，便已足夠。因此，「小黑是狗」這個命題的真偽，並不需要實際觀察小黑並透過抽象思考來確認，而是可以透過對「狗」這個普遍概念與言語本身的特性來判斷。換句話說，在言語和概念互相關聯的邏輯範疇內，能夠進行真偽的判定。這樣的思考方式被稱為「唯名論」（Nominalism）。

普遍論爭的歷史素描

如同這樣，當我們試著從歷史的角度眺望圍繞「普遍」存在的論爭時，可以發現其起源確實可追溯至五至六世紀的波愛修斯。隨後，經過十二世紀尚佩的威廉（William of Champeaux, ca. 1070-1122）、亞貝拉（Peter Abelard, 1079-1142）和貢比涅的羅塞林（Roscelin of Compiègne, ca. 1050-1125）等人的論爭，這一論爭在十三世紀被大阿爾伯特、阿奎那和司各脫等極盛期的經院哲學家所承繼。

緊接著，十四世紀的奧坎將「普遍」的實在性視為不必要的概念，並用剃刀將其剃除。然而，在他的論述中，四至五世紀教父奧斯定對「作為記號的話語」與「內在話語」的理解卻扮演了重要的角色。儘管如此，奧坎並未透過唯名論的提出，最終解決普遍問題。在他之後，同屬十四世紀的學者，如尚・布里丹（Jean Buridan, 1300-1362）、里米尼的桂格利（Gregory of Rimini, 1300-1358）、薩克森的阿爾伯特（Albert of Saxony, 1320-1390）、尼克爾・奧里斯姆（Nicole Oresme, 1320-1382）等人，使得「唯名論」的內部理解變得更加多元化，甚至到了無法單用「唯名論」這個詞彙一概而論的地步，展開的議論也變得極為豐富和多樣。

受到這種情況的影響，十五世紀時，法國國王路易十一世（一四二三—一四八三）發布的法令中出現了對「唯名論者」與「唯實論者」之間對立的相關言論。此外，十七世紀活躍的哲學家如霍布斯（Thomas Hobbes）和萊布尼茲（Leibniz）也曾提及這一問題。當我們進一步擴展問題的範疇時，唯實論與唯名論的對立構圖在現代中也有所體現，特別是如何在科學理論中考量那些直接無法觀察到但理論上應該存在的實體，如希格斯玻色子和暗物質等。這些問題正是科學唯實論論爭中的重要部分。

從作為邏輯學革命的唯名論到唯名論哲學

根據議論的時代背景與文脈，「普遍論爭」以各種形式若隱若現，其實無法一一列舉並詳加介紹。然而，當我們從十五世紀以後的議論現場眺望中世紀的「普遍論爭」時，可以發現十四世紀的奧坎與布里丹的唯名論立場，與十三世紀阿奎那和司各脫的唯實論立場形成了鮮明的對比，並且構成一系列問題群。換句話說，奧坎和布里丹的唯名論作為轉折點，標誌著一種劃時代的局面。

奧坎和布里丹唯名論的核心是邏輯學的革命。然而，另一方面，神學和哲學（形上學、自然學、政治學、倫理學）等學科，都是建立在邏輯學的基礎之上。因此，若邏輯學作為學科的基礎工具發生變化，那麼神學和哲學的實質內容也必然會隨之改變。

基於這樣的理解，對於奧坎和布里丹的邏輯學革命本身，迄今有詳細的研究。然而，若將範圍擴展至西方文獻，為理解其內容而撰寫的研究書籍和入門書籍也相對豐富。然而，在歸納其邏輯學革命的層面上，即針對哲學內涵的變革，實際上仍難說有充分的研究。因此，我想在這裡從邏輯學中的唯名論變革對哲學理論的影響這一角度，來嘗試總結中世紀哲學。

二、唯名論哲學的兩大特徵

本體論與知識論的分離

十四世紀的唯名論與十三世紀的唯實論之間的一個重要區別是本體論與知識論的分離。這是什麼意思呢？假設現在眼前有一棟房子。這棟房子的存在具備兩個層面：一方面是與其他各種房子共通的「房子」這一概念，另一方面則是與其他房子相異的「這棟房子」這一具體個體。擔保前者的是「事物存在著什麼」，也就是表現本質的「形相」；相對地，擔保後者的則是表現「事物從何而來」的「材質」。在「材質」這個面相上，它所指的不只是「房子具體來說，是由什麼建造而成」這種意義上的個別性，而是「因為實際有材質的存在，所以房子才會做為物體而存在」，同時更進一步，在三次元空間內占據了特定的場所。就這層意義來說，「材質」的局面擔保了個別性與個體性。總的來說，「形相」展現出「普遍」，而「材質」則展現出「個物／個體」。這正是十三世紀唯實論中的本體論基本構圖。

此外，雖然這個世界的各種個別事物作為「形相」和「材質」的複合體而存在，但同時也作為可被認識的存在——即可感知和可知的事物。因此，當我們看到眼前的這棟房子時，可以透過五感獲取資訊，例如這個物體是「木造的、白色的、有新蓋的氣味」等。亞里斯多德在其論述中指出，「感覺是指能夠在不伴隨素材的情況下，接受被感知的形相／形象」（《靈魂論》第二卷一二章）。換句話說，存在於這個世界的每一個事物的「形相／形象」——在中世紀經院哲學中，存在的狀態稱為「形相」（form），而認識的狀態則用「形象」species，或譯「種」這個詞來表達。雖然這兩者因為功能的不同而使用不同的詞彙，但其內容卻是一致的。這些事物在直接被感知後形成個別的「表象內容」，而從這棟房子或那棟房子的表象內容中，捨去個別化的要素，經過抽象化後便形成普遍的概念，並被納入知性中。因此，知性能夠認識木材、白色和房子等「普遍」，但這種認識的根據在於眼前存在的這個物體所具備的房子的「形相」。由此可見，十三世紀的唯實論呈現出本體論與知識論密切相連的哲學圖式。

相對於此，十四世紀的唯名論認為，這個世界中真正存在的事物僅有徹底的個別實體，並不承認普遍的要素實際上內在於個物之中。換句話說，眼前的這個物體與其他各式各樣的個別房子一樣，判斷其為「房子」的要素或根據並非普遍地存在於每一間房子中。人類知性中對於「房子」的普遍概念，只是作為一種記號，能夠指示這個世界上實在的各棟房子——這被稱為「指代」（suppositio）。因此，這個世界上事物的本體論與它們如何被認識的知識論之間的聯繫便被切斷了。

從全體論的哲學到個體論的哲學

「這個世界上真正存在的事物僅有徹底的個別實體」這一唯名論的主張，與「這個世界中實在的個別事物內在於普遍的實在」的唯實論主張，實際上如同硬幣的兩面。此外，這些主張之間的差異也會引發哲學理論中對個別事物與普遍概念的價值轉換。換句話說，這是從以普遍為基礎的全體論哲學轉向以個別事物為基礎的個體論哲學的過程。

在唯實論中，我們眼中所見的現實世界的根基是普遍的原理，正是因為這些普遍原理的存在，各種個別事物才能夠存在。因此，在這種哲學觀中，重點不在於關注這個世界中個別事物的差異和特殊性，而是要把握這些個別事物的共通本質，也就是包攝個物的普遍真理。此外，當這種視角應用於人類社會活動時，哲學分析的重點不再是社會中每個個體的獨特性，而是關注將這些個體整合為共同體或國家等整體形式的普遍本質。

相對於此，唯名論將對個別事物的理解視為其本身的存在，而普遍的理解則僅限於人類心中的言語或概念世界。換句話說，這些普遍概念僅屬於人類精神所具備的知性認識。唯名論的思考過程朝著明確區分「心外世界」與「心中世界」的方向發展。進一步而言，當這種視角應用於人類社會活動時，與唯實論相反，哲學分析的重點不在於包攝個體的共同體或國家整體，而在於個體之間的聯繫與結合，及這些聯繫如何共同構成社會整體的運作。

當我們將兩者的差異具體化於哲學討論中時，雖然會出現各種哲學主題與理論之間的衝突，但在這裡，我特別想關注奧坎的認識理論與布里丹的社會共同體論。

三、唯名論的哲學現場——奧坎與布里丹

奧坎的認識理論

首先，我們將從在「心中世界」中扮演主要角色的認識理論來加以檢討。我們是如何認識「心外世界」中的各種事物並獲取資訊的呢？分析後可以發現，這裡大致存在兩種認識方式：「感覺知覺」和「知性認識」。這兩者的主要區別在於是否使用身體器官。例如，若我們想要感知顏色和聲音，並理解它們帶來的感受，就必須睜開眼睛和豎起耳朵。然而，對於顏色的光波長或聲音的空氣振動數等問題，由於是透過語言和概念來思考，因此並不需要特別依賴眼睛和耳朵等身體器官。總的來說，人類對於「心外」實在的個別事物，既透過身體器官的感覺來知覺，也透過「心中」的語言和概念來認識。

以上所述的認識大框架中，唯實論與唯名論基本上是一致的。然而，這些心靈的運作與成為認識對象的外界事物之間卻存在著不同之處。對於唯實論而言，如先前所述，存在於「心外世界」的個別事物是由形相所規定的，這些形相透過感覺被人類所接受，然後經由知性的抽象運作轉化為概念。因此，透過「形相／形象」，「心中」的概念內容與「心外」事物的存在狀

態相連結。

然而，在奧坎的認識理論中，「形相／形象」的存在遭到了否定。他的依據是，為了說明認識的運作而刻意將「形相／形象」嵌入理論中，這被認為是多餘且不必要的。那麼，奧坎又是如何解釋人類的認識呢？

在感覺方面，奧坎否定了「心外世界」中實在事物的形相由感覺器官所接收的這一圖式。根本上，存在於心外世界的個別事物僅以個物的形式存在，因此不具備承載普遍形相或共通本性的能力。這些形相或形象因此不會持續地與感覺相連結。當我們看到眼前的這朵向日葵或聞到它的香氣時，外部感覺（五感）會直接從這朵向日葵獲得色彩和香氣的「被烙印的絕對性質」。用更容易理解的方式來說，這等同於心中感受到的色彩和香氣的「感受」。接著，基於這朵向日葵的色彩、香氣，以及形狀和大小的「感受」，透過內部感覺形成這朵向日葵的整體「表象內容／感覺印象」。此外，為了捕捉前者的「感受」，眼前必須有這朵向日葵的實際存在；奧坎稱這種認識為「直覺認知」（intuitive cognition）。另一方面，後者的「表象內容／感覺印象」則不需要眼前這朵向日葵的存在；對於這種認識，奧坎稱之為「抽象認知」（abstractive cognition），並且以此區別（《授課筆記》第三卷第三問第一項）。

關於知性，奧坎同樣是透過「直覺認知」來把握眼前這朵向日葵，將其作為指代記號的語彙與概念。正確來說，奧坎所提到的概念是「關於這朵向日葵的知性認識活動（intentio）」本身。對於作為知性認識活動結果而產生的「作為觀念上存在者的概念」，他則持否定態度。因此，透過這種直覺認知，使得明確的認識得以成立。結果，知性會得出「這朵向日葵是黃色的」或「向日葵一般來說是黃色的事物」等認識與判斷。

在這個過程中，雖然不同類型的感覺認知在運作，但這些感覺認知並不會成為引發知性運作的原因。這一點與從個別表現內容抽象出普遍概念的唯實論思維根本不同。對奧坎而言，感覺與知性各自獨立地對眼前這朵向日葵形成認識。因為我們對事物的真偽判斷是以「命題（句子）」的形式進行（例如「這朵向日葵是黃色的」），而透過感覺所知覺的這朵向日葵的形象或黃色的感受本身並不能被判斷真偽，因此需要透過知性來理解構成「命題」所需的語言和概念（如向日葵的概念和黃色的概念）。因此，構成明確認識的直接且近接的原因是知性的運作，而非感覺的運作。

另一方面，在感覺的情況下，知性中也有「抽象認知」獲得承認。然而，它的意義僅限於對當前眼前存在事物無法把握的認識，而非被限定的普遍認識。換句話說，抽象認知並不會產生明確認識；在這一層意義上，它與直覺認知是有區別的。舉個明確的例子，為了讓自己心中的喜悅獲得明確認識，直覺認知必須成立；但他人心中的喜悅是否真正呈現出來，這一點無法獲得明確認識，因此只能作為抽象認知存在（《解釋論註》第一卷序論第一問）。

從以上的分析中，我們可以得出什麼樣的哲學論點呢？無論是感覺還是知性，我們的認識其出發點都是廣義的「心中」運作，而非「心外」事物的存在狀態。這意味著本體論與知識論之間的聯繫被切斷。然而，這與什麼樣的議論相關聯呢？這與近世的觀念論世界觀有關。如果「心外世界」中的房子和黃色向日葵是由原子構成，那麼原子本身當然不具備色彩、聲音或香氣等特徵，甚至我們無法直接觀察到原子。因此，由這些原子所引發並在心中形成的對於黃色、房子和向日葵的感受、觀念及概念，便成為了我們認識的出發點，而不是外界各事物本身所具備的性質。

因此，我們透過將心中的概念和觀念結合成命題來加以分析，以進一步理解事物。由此可見，哲學分析所採取的框架並不是針對「心外世界」事物本身，而是關於我們「心中世界」中存在的觀念和概念。當然，近世的觀念論並不是直接從中世的唯名論中衍生出來的。然而，奧坎的這種認識理論或許可以被視為近世哲學的觀念論奠定了一個知識基礎。

布里丹的社會共同體論

接下來，讓我們檢討在「心外世界」中扮演主要角色的社會共同體論。在近年的環境倫理學與政治哲學中，生態系中心主義與共同體主義等全體論式的理論已成為關注的焦點。這些議論的基本概念，與將「個人以全體方式聚合為一」的共同體或國家全體之應有形式視為優先的唯實論思維，頗有相似之處。例如，當某位不認識的日本人在海外的世界遺產隨意塗鴉時，我們會產生「同樣身為日本人」的羞恥感。當然，如果我們完全貫徹每個個體的應有形式，那麼對日本這個國家共同體所背負的責任感應該不會產生；然而，在心底的某處，我們仍然會認同自己作為日本這個國家共同體一員的應有形式。由此可見，將共同體置於個人之上這種思考方式，與「個體中內在的普遍樣式更為優先」的唯實論觀點，往往能夠輕易地相互連結。

然而，另一方面，這種全體論的理論在近年受到關注，這意味著在稍早之前，至少到二十世紀前半，與之相對的思考方式仍然占據主導地位。這種思考方式並不將個人納入特定共同體的成員來考量，而是強調每一個個體的層面，即人作為人所擁有的自由和權利的個人主義觀點。這種思考方式可以說是康德（Immanuel Kant, 1724-1804）和彌爾（John Stuart Mill, 1806-1873）等人的近代人類觀。

讓我們把以上的情況放在心中，試著對布里丹的社會共同體論予以檢討。社會共同體基本上就像公司或政府機構一樣，是透過階層秩序的構造而成立的。在這種情況下，社長必須考量整個公司的運作，而部長必須考量整個部門，課長則必須考量整個課別，並負起相應的責任。實際上，構成公司的各個社員，例如經理課的成員，則需要為經理課的工作負責；當財務部的要求超過經理課的時候，他們也必須為財務部的工作付出努力；在與外部人員交涉時，他們需要代表整個公司行事。在這種思維下，將個人視為獨立個體的視角並不存在。例如，經理課的成員與經理課長、財務部長乃至社長之間建立友愛關係是相當困難的。

然而，布里丹認為，即使在這種情況下，仍然可以建立真正的友愛關係。達成這一點的條件是彼此明示善意與愛，乃至於坦誠相對的狀況。進一步來說，這需要讓彼此的意志有效地溝通，並透過自己的自由判斷，最終將對方視為值得尊敬的人（《尼各馬科倫理學問題集》第八卷第十五問）。

在這些條件下，與支持唯實論的哲學家們顯著不同的是，並非優先考慮共同體的全體，而是更注重構成該共同體的每一個人之間的關係。換句話說，當一名經理課員與財務部長溝通時，如果他將自己定位為經理課員或財務部長，並依此為基礎，則很難實現對對方作為人的價值的尊重，也難以基於自己的自由判斷來互相交流本心。在這種意義上，擱置社會地位和角色，將彼此視為對等的人來溝通，便是建立真正友愛關係的第一步。此外，布里丹認為，即使在社會地位不同的情況下，這種方式在原理上也是可行的。

像這種個人層次的聯繫如何構建全體聯繫的觀點，在其他文脈的討論中也能見到。例如，布里丹在討論倫理學時，經常強調「無論在共同體中的地位或立場如何，都應無差別對待」（同前揭書第一卷第六問題）。當然，人是出生並成長於特定的共同體中，但他提倡在考量倫理時，應將共同體內地位和立場所產生的特殊性暫時擱置，轉而思考每個人作為獨立個體的應有姿態。此外，他還明言「國家是為了人們而存在，而不是相反」（同前揭書第一卷第六問題），這表明個體之間的聯繫最終將促進共同體的形成。換句話說，並不是將共同體或公司全體視為優先考量，而是強調每個個體作為他人的存在，透過共同體式的公共心與溝通建立羈絆，並基於這些羈絆來構建共同體和公司，這正是布里丹所主張的觀點。

從布里丹的議論中，我們可以得出什麼樣的哲學意義呢？首先，我們能察覺到一種與尊重個人自由和人性尊嚴的近代個人主義人類觀相連的姿態。然而，另一方面，這其中也不乏共同體主義的成分。儘管如此，布里丹的共同體主義理論並不意味著共同體會規定個人的存在方式或生活方式。由於我們人類只能在與他人的聯繫中生存，因此易於在已構建的社會共同體的基礎上加以思考，但這不是正確的方式。相反地，我們應該以作為共同體一員的實際個體為基礎，透過共同體內部成員之間自由而開放的溝通，隨時應對現實情境，建立最佳的羈絆，並由此改變自己所屬共同體的存在方式，進而由每一位成員共同創建一個更好的共同體。因此，布里丹的觀點為社會共同體論提供了一種新的選擇可能性。

這樣一來，當我們將西方中世紀哲學總結為唯名論時，或許可以觀察到西方近代理性主義和個人主義相連的思想潮流正在穩步滲透。然而，另一方面，即便如此，西方中世紀哲學與近世、近代哲學之間仍然存在明顯的哲學結構差異。當我們感受到西方近代世界觀的極限與閉塞感時，如果能再次從充滿多樣性的西方中世紀哲學中重新審視現代世界的存在方式，或許能夠看到突破性變革的曙光。

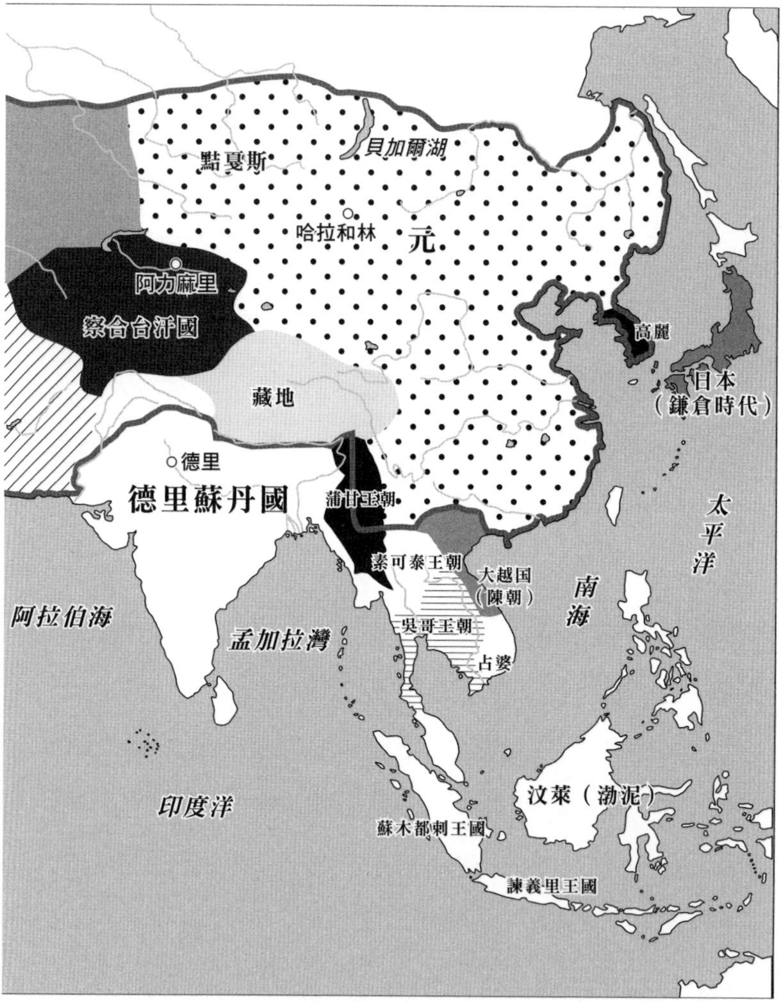
黠戛斯
貝加爾湖
哈拉和林
元
阿力麻里
察合台汗國
藏地
高麗
日本
（鎌倉時代）
德里
德里蘇丹國
蒲甘王朝
素可泰王朝
大越国
（陳朝）
太平洋
南海
阿拉伯海
孟加拉灣
吳哥王朝
占婆
印度洋
汶萊（渤泥）
蘇木都剌王國
諫義里王國

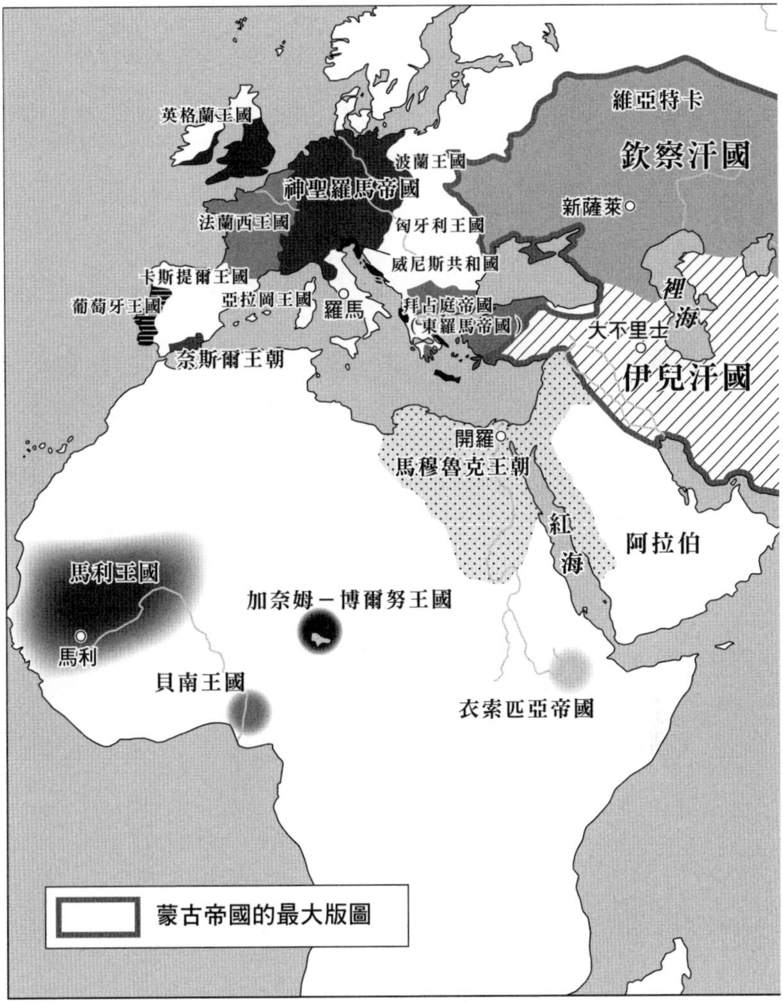
英格蘭王國
神聖羅馬帝國
波蘭王國
維亞特卡
欽察汗國
新薩萊
法蘭西王國
匈牙利王國
威尼斯共和國
卡斯提爾王國
葡萄牙王國
亞拉岡王國
羅馬
拜占庭帝國
（東羅馬帝國）
裡海
大不里士
伊兒汗國
奈斯爾王朝
開羅
馬穆魯克王朝
紅海
阿拉伯
馬利王國
馬利
加奈姆－博爾努王國
貝南王國
衣索匹亞帝國
蒙古帝國的最大版圖

十三世紀的世界

延伸閱讀

川添信介，《水與紅酒：十三世紀哲學的各種概念》（京都大學學術出版會，二〇〇五）——一部清晰論述十三世紀經院哲學中神學與哲學關係的專業著作。

涉谷克美，《奧坎「邏輯大全」註解I—V》（創文社，一九九九—二〇〇五）——對奧坎《邏輯大全》全三部的精確翻譯與詳細註釋。

山內志朗，《新版　天使的符號學：中世紀哲學小入門》（岩波現代文庫，二〇一九年）——包含普遍論爭在內，從「看得見的東西」與「看不見的東西」對比視角出發的中世紀哲學入門。

理查德・魯本斯坦（Richard E. Rubenstein），小澤千重子譯，《中世紀的覺醒：從亞里斯多德的再發現到知識革命》（*Aristotle's Children: How Christians, Muslims, and Jews Rediscovered Ancient Wisdom and Illuminated the Middle Ages*，筑摩學藝文庫，二〇一八年）——以亞里斯多德哲學為核心描繪中世紀哲學的知識革命，並結合綿密的二手文獻調查，以引人入勝的故事形式編織而成的一本出色的中世紀哲學歷史入門書。

專欄四
東方的基督教　秋山學

本專欄將探討羅馬帝國分裂之際，屬於「東方」的基督教，即拜占庭起源的基督教，並以「典禮」為主軸展開討論。基督教的典禮可以分為西方（羅馬）典禮與東方典禮，而後者的最大共同體就是拜占庭禮教會。在歐美，我們可以看到許多以中東歐拜占庭禮教會為母體的「希臘禮天主教會」信徒，其中最著名的就是烏克蘭希臘禮天主教會。

這些「拜占庭禮（希臘）天主教會」的起源可追溯至一〇五四年東西教會分離之後，隨著拜占庭帝國的衰弱，皇帝與君士坦丁堡總牧首向以教皇為首的西方求援，之後舉行了一系列的大公會議來推動東西教義上的對話。主要的大公會議包括第二次里昂大公會議（一二七四年）和佛羅倫斯大公會議（一四三八至一四三九年）。雖然這些大公會議作出了東西教會合流的決議，但卻引發了拜占庭本國的強烈反彈，最終導致形成認為這些決議無效的「正教會」。不過，後世仍有一些教會遵循這些大公會議的決議而成立，例如一五九六年依據「布列斯特聯合」成立的「烏克蘭希臘禮天主教會」，以及一六四六年根據「烏日霍羅德聯合」（位於今烏克蘭）成立的「魯塞尼亞希臘禮天主教會」。另一方面，教廷與行拜占庭禮以外的東方基督教各教會之間，在這段時間內也陸續舉行了教會合流的會議，從而逐漸誕生了近世以後被稱為「東儀天主教會」的共同體。

以拜占庭禮教會為首的這些「東儀天主教會」在教會法上與羅馬禮天主教會的組織結構是相對應的；相比之下，羅馬禮教會的教會法於一九八三年重新公布，而針對東儀天主教會的教會法則是在一九九〇年頒布。東儀天主教會雖承認羅馬教皇的領袖權，但在教會法與典禮樣式上仍然保持著東方固有的形式。他們正是在這種原則下達成了教會的匯流。相對於羅馬禮以彌撒為頂點而形成的集中傾向，拜占庭禮則以主日（星期日）前晚的晚課、主日早上的早課、時課（共計四次）以及聖體祭儀為中心，強調在聖堂中作為共同體的祈禱，具有「奉神禮」的意義。此外，羅馬禮的典禮曆是以耶穌誕生和復活為兩極架構的曆法，而拜占庭的典禮曆則是從受難、死而復活、升天到聖靈降臨這一連串時期為頂點，形成單極構造的曆法。

同時，在西歐化的地區（如匈牙利等），隨著格里高利曆的採用，國內的羅馬天主教會與希臘禮教會的各種節日變得一致。因此，在多姿多彩的典禮儀式中，也展現出一種「普世教會」的具現。

CHAPTER

seven

第七章 朱子學

垣內景子

朱子学

一、中國儒教的新生與「個人的覺醒」

「聖人可學而至」

在朱子學誕生前夕的北宋時代，對中國儒教而言，可說是迎來了起死回生的重大轉機。自漢代以來，儒教長年被奉為國教，從而失去了應有的思想生命力；直到北宋時代，儒教才重新獲得新生，並恢復了應有的活力。另一方面，這種思想的誕生也促進了中國知識分子的「個人覺醒」。這一轉機的出現，既是因為科舉的重新開放，也受到佛教的影響。

科舉是為官僚登用而舉行的國家考試，其中最重要的科目是儒教經典（經書）。宋王朝透過重新開放因戰亂而中斷的科舉，向內外表明了平和的文治時代即將到來。科舉的重新開放不僅使儒教成為更廣泛的中國知識分子的教養基礎，還使學習儒教經典與他們在現實中的社會地位直接相關，為政治場域及自我生存方式的問題提供了契機。最重要的是，隨著自我努力和能力贏得活躍機會的可能性出現，儒教也因此成為與每個人生存方式緊密相關的思想，實現了新的生機。

對於那些透過自身努力與能力，在政治舞台上活躍的科舉官僚而言，儒教不再僅僅是紙上談兵的漂亮話，而是成為現實政策的依據。北宋是政治派系形成思想學派的特殊時代，其中一派「道學」的繼承者，並在南宋時期將其發展到巔峰的人物，便是「朱子學」的創始人朱熹

（一一三〇—一二〇〇）。

道學家們充滿自負，宣稱「聖人可學而至」，這意味著無論是誰，只要致力於學習，都能達到聖人的境界；這一觀點深刻地改變了長久以來對聖人的定義。聖人不再僅僅是為野蠻人制定文化、制度和道德的古代特定聖王，或是像孔子那樣的人格圓滿者，而是成為了一個對所有人開放的目標。認定「所有人都有可能成為聖人」的宣言，不僅與佛教的「悉皆成佛」（所有人都有可能成為佛）相抗衡，還是對儒教正統綱領「性善說」的新詮釋。在這種自覺與自負的氛圍中，「無論是誰，都必須持續勉勵自己向上」成為了道學，即朱子學的重要前提。

對心的關注

這種促進個人自我提升的自覺，同時推動了人們對個別心靈的關注。簡言之，人格的完善首先必須在內心中實現，而對「心」這一內在世界的發現，正是此時代儒教復興的最大意義。對心的關注，也是儒教為了與佛教——特別是「禪」——對抗而出現的產物。如何讓易受外界影響、搖擺不定的心獲得安定，佛教在面對這一極為現實的心靈問題時，擁有一套具體的對應方法以及支撐它的高遠理論體系，因此能夠逐漸滲透中國，並獲得眾多知識分子的支持。儒教為了生存並奪回主導權，無論是在實踐上還是理論上，都必須在心的問題上獲得比佛教更強的說服力。

在朱子學中，眾人所致力成為的聖人，其形象應當如孔子所言「從心所欲不逾矩」（《論語》為政篇），即達到心靈與應遵循的秩序「矩」之間毫無齟齬、融為一體的境地。這種「矩」雖與朱子學中的「理」概念相當，但思考這種心外規範，即「矩」或「理」與個體的關係，成為眾人無法忽視的心靈問題，正是儒教的最優先課題。朱子學的核心便是針對此點重新確認。換言之，朱子學是一門以追求個人修養為目的，探討內在的「心」與外界的「理」之間關係的學問。

二、作為心學的朱子學

心統性情

中國思想史上，一般用「心學」這個名稱來指涉批判朱子學的陽明學，因此朱子學則被稱為「理學」。然而，如同上述所提，朱子學的核心其實涉及「心」的問題。因此，我們應該大膽地以廣義的「心學」來理解朱子學，並闡明這種「心學」是如何被稱為「理學」，以及它遭到狹義上「心學」批判的來龍去脈。

朱熹首先將心分為「性」和「情」兩部分。「性」是指某物天生具備的本質和特性，對於人而言，「性」本質上是善良的，這就是所謂的「性善說」。換言之，「性善說」是以道德來規範人類的本質，並將其視為內在於心的存在。這種「性」不僅反映了人心的本來姿態，也是理想的形態，但我們無法直接認識這一「性」。我們所能了解的，僅是「性」在應對外界時所表現出的狀態，也就是「情」。換句話說，根據朱子學的嚴密定義，我們一般所稱的「心」實際上是指「情」，而作為「情」的根本本質則被推定為「性」。

儘管我們具備了被規範為向善之物的「性」，但在現實的活動中，即「情」，「心」仍然時常會包含不善的元素。這是因為心的運作與內藏的肉體都會受到「氣」的影響。如果能夠克服這種「氣」的妨礙與限制，那麼人便能夠依循無限向善的「性」，充分發揮自己的「情」。這正是前述的「聖人」境界，也是每個人應當努力達成的理想「心」之狀態。

透過將心以「性」和「情」分別說明，朱熹主張儘管現實中的「心」可能會出現不善，但「性」則是絕對的善，這也就是他成功捍衛「性善說」的原因。另一方面，他也為現實中的不善賦予了明確的定位，從而提供了克服不善的依據。接著，朱熹在此基礎上重新定義了「心」。他所援引的是北宋道學家之一張載的「心統性情」這句話。這裡所謂的「心」，不僅僅是象徵著「性」之發現的「情」這一連串心靈活動，而是從更高的層次上包含並統合「性」與「情」兩者。那麼，這種「心」又是什麼呢？

作為邁向「工夫」意志的「心」

為了理解朱熹援引張載話語、重新定義的「心」之意義，我們可以用以下的圖示來表明：

這裡所謂的「心」，無論是既有狀態的心所具備的「情」，還是應有本心所具備的「性」，都不可能單方面地還原。心常常同時眺望著兩者，絕不是某一方面的單獨變化。它同時關注應有的理想與現實的狀態，這意味著兩者之間的差距持續被意識到，除此之外再無他者。而用來填補這道鴻溝的，就是被稱為「工夫」的學問修養的努力與實踐。換句話說，朱熹所謂的「心」，既不是指既有狀態的心，也不是理想狀態應有的心，而是能同時接納兩者、意識到它們之間的差距，並致力於化解這種隔閡的心，也就是朝向「工夫」的主體意志。

若要進一步說明朱熹所謂的「心」，可以將其視為「幹勁」、「向上心」以及「主體性」等概念。換言之，只有當個人對現實感到不滿足，相信透過努力向上和實現理想是可能的，並且積極追求進步時，朱子學中的「心」才會得以體現。反之，如果自我滿足或自暴自棄，那麼就會失去這種「心」。

接下來，讓我們看看朱熹為了維持這種作為主體性的「心」，採用了何種方法來應對「現實的心」這一棘手的問題。

邁向心的迂迴路程

為了保持作為主體性的「心」，朱熹提出了兩種方法：一是「居敬」，另一是「格物窮理」。雖然這兩者都是為了引導心的運作，但它們卻極力避免心的直接運作，而是採取邁向心的漫長迂迴道路。朱熹深知用心來控制心的矛盾與困難。

「居敬」或稱「敬」，是一種有意識地讓「心」保持集中與緊張狀態的方法。「敬」字可以讀作「u-ya-ma-u」（敬う）或「tsu-tsu-shi-mu」（慎む），這些讀音讓人聯想到在面對地位高於自己之對象時所產生的緊張感。然而，這並不僅限於特定的場景，而是在日常生活中的每一個動作和場合，對每一個對象都應該集中注意、細心謹慎地對待。因此，為了保持服裝、表情和姿勢等外在形式的嚴肅整齊，「居敬」的實踐便顯得尤為重要。換句話說，透過有意識地將注意力放在心以外的外部對象上，最終能夠產生心的集中與緊張，並保持作為主體性的「心」，這就是「居敬」的具體方法。

同樣地，朱熹為了保持「心」，主張應以心外事物之「理」為對象來進行「格物窮理」。

具體而言，他認為閱讀儒教經典這一行為應被視為最重要的活動，並期望透過這種方式最終能夠維持「心」。關於「格物窮理」，我們將在下一節中重新探討，但需要特別強調的是，這種方法始終不是以心為對象，而是為了達成「心」的手段。

三、作為理學的朱子學

格物窮理

以修心為目標的朱子學被稱作「理學」，並受到所謂的「心學」，即「陽明學」的強烈批判；這種諷刺的現象無疑源於朱子學中的「理」這一概念。「理」作為朱子學最具特徵的概念，同時也是一個蘊含著潛在危險的概念。

「理」是什麼？朱子在以下的論述中，做了明確的定義：

> 至於天下之物，則必各有所以然之故與其所當然之則，所謂理也。（《大學或問》）

「所以然之故」指的是「事物之所以如此的根據與理由」；而「所當然之則」則是指「事物之所以會如此，應屬理所當然的法則性，以及必然應有的行為和角色」。換句話說，這個世界的所有事物都有其獨特的意義、價值和角色定位，這就是該事物的「理」。朱熹進一步認為，人類的智慧正是對這種「理」的認知。

朱子學認為萬事萬物皆有「理」，而人應當了解這些「理」，這一觀點同時也體現了一種思維，即「人只能透過對『理』的理解來使心獲得安定，並確保作為主體性的『心』」。人之所以產生不安，進而導致作為主體意志的「心」喪失，皆因對「理」的理解不夠充分。因此，這裡所強調的便是「格物窮理」的方法。

「格物窮理」中的「格物」源自於朱熹重視的儒教經典之一《大學》。朱熹將「格物」解釋為「即物以窮其理」，他引入了原文中並不存在的「理」字，以此來理解「格物」。因此，這裡所謂的「物」，並不僅限於單純的物質，而是包括作為意識對象、總括為一的所有事物。朱熹對「格物窮理」的意義做了以下的說明：

> 格物，須真見得決定是如此。為子豈不知是要孝？為臣豈不知是要忠？人皆知得是如此。然須當真見得子決定是合當孝，臣決定是合當忠，決定如此做，始得。（《朱子語類》，卷一五）

> 格物，只是就事物上求箇當然之理。若臣之忠，臣自是當忠；子之孝，子自是當孝。為臣試不忠、為子試不孝，看自家心中如何？火熱水寒，水火之性自然如此。凡事只是尋箇當然，

不必過求，便生鬼怪。（《朱子語類》，卷一二〇）

在親子關係中，作為孩子應當履行的責任，即是作為孩子的「理」，這就是「孝」。孝是一種身為孩子應具備的自然情感，應該是每個人本能上都知道的事。然而，既然如此，為什麼還會出現「不孝」的情況呢？這是因為對「孝」的理解程度太淺，不知道其真正的意義。如果能真正理解「孝」的美善，那麼就應該會毫不猶豫、心懷喜悅地去實踐「孝」。換句話說，對「孝」這一「理」的徹底理解，就是孩子是否能真正明白自己必須行「孝」，以及「孝」是最自然且正確的事情，這樣做會讓心靈感到安寧。因此，讓這種態度時刻浸潤自身，對這種實際的深刻感受予以徹底的「窮盡」，這就是「窮理」。

「理」對所有人而言，原本應該是不證自明的事物，但人們真的能對此產生或多或少的實際感受嗎？無論如何，各種事物都必須達到這一點，否則就無法走上正軌，整個世界徹底被這樣的「理」網絡所覆蓋，毫無例外可言。然而，人們對這種潛移默化的理解又能了解多少呢？因此，深化對知識的實際感受，正是「窮理」中所謂「窮」的意義。為了讓這種實際感受深化，就必須加以「格物」，也就是與現實事物正面對峙。

對朱熹而言，「窮盡理」並不意味著像所謂的「真理探究」那樣去探索未知的「理」。他更警戒於將「理」設定在遙遠的彼端，是遠離實際感受的知識之無限擴大。他所說的「不必過求，便生鬼怪」，正是對人類理智危險性的警示。

理學家朱熹的合理批判

在這裡，我們再次回顧「格物窮理」這一方法的目的。「格物窮理」和另一種方法「居敬」都是為了解決現實心靈的不安，並保持作為主體性的「心」。透過將外界事物的「理」作為意識對象的「格物窮理」，可以避免「用心來操作心」的矛盾，從而有效解決內在的心靈問題。同時，對「理」的理解以及內心深刻的信念被認為能夠化解心中的不安與矛盾。換句話說，對朱熹而言，「格物窮理」主張人類理性有能力全面理解合理的世界。

然而另一方面，朱熹也充分意識到「理」所蘊含的危險性，即透過「理」將現實簡化和抽象化。換句話說，人是否會為了心靈的安定而簡化世界，過於樂觀地相信人類的知性呢？對此，朱熹的回答是：

> 格物，不說窮理，卻言格物。蓋言理，則無可捉摸，物有時而離；言物，則理自在，自是離不得。（《朱子語類》，卷一五）

> 人多把這道理作一箇懸空底物。《大學》不說窮理，只說箇格物，便是要人就事物上理

會，如此方見得實體。所謂實體，非就事物上見不得。且如作舟以行水，作車以行陸。今試以眾人之力共推一舟於陸，必不能行，方見得舟果不能以行陸也，此之謂實體。（《朱子語類》，卷一五）

「理」比「物」更重要的說法，似乎在否定朱熹自己所附加的解釋，但如果不談論「理」，我們便無法解釋世界，也無法獲得心靈的安定。然而，對於提出「理」這個概念的人來說，朱熹不得不持續警告其潛在的危險性。對朱熹而言，「理」只能被確認為與「物」密切相關的存在，而「理」的根據也不應超出現實心靈的實際感受。然而，「理」作為語言表達是抽象的，因此容易失去與「物」之間的緊密聯繫，這是其宿命。結果，支持「理」的根據變得脆弱，有時「理」的根據甚至會淪為隨意的解釋。

朱熹的擔憂是正確的，「理學」最終會逐漸削弱與現實的緊密聯繫，擱置心靈的實際感受，開始成為束縛「心」的力量。狹義的「心學」，即陽明學，為了重新獲回因「理」而抽象化的心靈實感，因此大膽主張心對「理」的優位地位。

窮理與經學

對於認為萬事萬物皆有各自「理」的朱子學而言，雖然「格物窮理」在原理上是以各種事物為對象，但實際上仍然有其優先考量的對象；那就是閱讀經書，展開對儒教經典的「格物窮理」。

經書是古代聖人留給我們的智慧，這些有限的書籍完美地體現了我們所需的「理」之典範。透過學習經書中的「格物窮理」，我們能夠提前了解何謂「理」的基本範式，並實際感受到在這個世界中，每一件事物都必然存在其相應的「理」。對於我們這些在多樣且不證自明的現實中，時常感到迷惑的人來說，這無疑是一大助力。更重要的是，如果沒有這種事前的訓練，我們根本無法對現實事物進行有效的「格物窮理」。因此，經書中的「格物窮理」作為保證「理」的根據，絕對是不可或缺的。

經書的存在對於朱子學及整個儒教而言都是不可或缺的。如何解讀經書中權威且絕對的話語，這種經學的傳承可以說是自孔子提出的「述而不作」（《論語》述而篇）以來，後世儒者的重要使命。朱子學亦是如此，朱熹的主要著作為經書的註釋，正因其在經書註釋方面的豐富成果，使得後世朱子學成為體制化的教學，並能夠長久保持其影響力。

經書的存在及其作為「理」依據的機制，支撐著朱子學，使其在經常面臨主觀與恣意化的心靈問題中保持一定的客觀性。朱熹擔憂人類理智的失控，因此他主張必須遵循朱子學的儒教原則，並將經學視為唯一正確的做法，以此來避免偏離理性的路徑。

四、從朱子學進行思考

無經學時代的窮理

在朱子學中，經書是不可或缺的存在，它是決定所謂「理」的唯一正確依據，即關於這個世界的意義與價值。如果沒有經書，「理」將失去其根據，可能會在不證自明且自然的名義下，隨意委託心靈於實際感受，導致在現實社會中不得不受到多數者與強者的意見影響。然而，將「理」的內容置於絕對權威之下，並判斷何者為唯一正確的做法，對現代人來說，確實不易接受。因此，對於認為朱子學是落後古代思想的人來說，這無疑成為了一個有力的論據。

今天的我們生活在一個缺乏經學的時代。在這樣的環境中，我們應該如何相信「理」呢？我們又該如何確定事物的意義、價值和重要性，以及如何確信什麼是正確且妥當的，從而讓自己感到安心呢？

不如乾脆說「根本就沒有理」怎麼樣？如果對於什麼是「理」，也就是什麼是正確且妥當的根據，感到猶豫不決，那麼，這樣的「理」究竟有何意義呢？然而，如果所有事物都沒有意義和價值，而且對於什麼是正確和妥當也無法提供依據，那麼我們恐怕就無法安心地生活下去。正是因為有「理」，人心才能感到舒適。只有在感覺到自己的判斷和行為符合「理」、正確且妥當的情況下，人才會安心地生活。而且，人心本質上是正直的，因此，為了獲得內心的安寧而輕易依賴的根據，最終可能會給自己的心靈帶來不安。

我們應該更加關注朱熹透過經學所獲得的成果。朱熹相信古代聖人，並以經書為依據，試圖以極其謙虛和客觀的方式解釋相對的現實世界。正因為面對絕對的經書，他才能在有限的存在中極力消除自身的主觀。因此，當我們思考這一點時，朱熹選擇信仰絕對的態度，雖然這似乎與人類的理智相悖，但這種理智的選擇，實際上賦予了他解釋世界和安心生活的自由。

對於生活在無經學時代的我們來說，追求「理」或許是無法避免的。然而，與朱熹等人那樣「窮盡」的探究相比，我們只能在心中的不安中努力，持續嘗試與朱子學不同的「窮理」方法。這種嘗試源自於明治時期的先輩們，當時朱子學已被視為過去的智慧，他們在這一背景下展開了艱苦的探索。

窮理與近代學問

在明治初期，日本人拚命應對如怒濤般湧現的西方學問，並試圖用朱子學的語彙來翻譯許多名稱和術語。對於當時的日本知識分子而言，學問的代表便是以朱子學為主的漢學。「窮理學」或「理學」這一名稱最初被用來指代物理學和哲學；即使到了今天，我們仍然使用「物理學」、「心理學」、「倫理學」、「地理學」、「生理學」等以「〇理學」為名的學科。物質的「理」由物理學來探討，而人心的「理」則由心理學來研究。然而，這樣的翻譯是否真的妥當呢？如今重新思考這一問題，無疑會促使我們反省日常視為理所當然的學術與研究觀。

例如，對於現代的我們來說，物理學真的應該專注於探討「什麼是物質」嗎？心理學又是否應該用某種方法來研究「什麼是人心」？這種「什麼」，在明治初期被稱為「理」，而他們所認為應該展開的活動則被稱為「窮盡」，即認為萬事萬物皆有其「理」，人們應該理解並加以說明。因此，可以說朱子學的前提在近代以來的學問和研究中或許被不知不覺地繼承下來了。當我們的先輩們對西方知識的包容，實際上建立在如前所述的朱子學「窮理」的意義基礎上時，這樣的做法是否適當呢？由於使用朱子學的術語進行翻譯，我們對西方引進的各種科學是否無法完全涵蓋？如果朱子學的「窮理」與我們現代的學問和研究相去甚遠，那麼我們從事現代學問與研究的目的又是什麼呢？

今天繼續這樣的質疑，對於曾受到朱子學洗禮並在其基礎上接受西方近代各種學問的東洋我輩而言，這實際上是現代將朱子學視為過去遺物並完全埋葬的不可或缺的工作。

延伸閱讀

垣內景子，《朱子學入門》（minerva書房，二〇一五）——最平易近人的朱子學入門書。以完全不具備東洋思想與哲學知識的人為對象，用最簡明易懂的方式，解說作為東亞思想原理的朱子學世界觀和基本概念，簡單說就是入門之中的入門書。上面的本文，其就是這本拙著的濃縮精華，因此如果透過本文對朱子學感到興趣的人，強烈建議一讀此書。

土田健次郎，《儒教入門》（東京大學出版會，二〇一一年）——關於包含朱子學在內儒教整體的入門書。雖說是入門書，卻是這個領域執牛耳者，依據學界最優秀的議論來加以解說，因此內容極端厚重。如果要理解朱子學的精深之處，這是必讀的書。

土田健次郎，《江戶的朱子學》（筑摩選書，二〇一四年）——雖是對日本江戶時代朱子學的解說，但對朱子學本身的架構也做了相當簡潔的彙整。對朱子學在日本思想史中所扮演的角色，透過當時的思想狀況，立體地描繪出來。

三浦國雄，《朱子語類抄》（講談社學術文庫，二〇〇八年）——本文中屢屢引用的朱熹語錄《朱子語類》的抄譯。朱子學這種冠以思想家名號的思想，正會讓人不斷聯想到朱熹這個人的生活態度。

CHAPTER

eight

第八章
鎌倉時代的佛教

蓑輪顯量

鎌倉時代の仏教

一、整體構圖

在十二世紀下半葉左右，佛教由祖師們引領逐漸出現，但並未立即成為時代的潮流。在整個鎌倉時代，主流仍是自前代延續下來的佛教。這些承襲自平安時代的佛教被稱為顯密佛教。雖然顯密這個稱呼是用來指稱修習顯教和密教的僧侶佛教，但這種理解主要源於黑田俊雄提倡的權門體制論，以及用來解釋作為其一翼的寺社家勢力的顯密體制論（黑田俊雄，《顯密體制與寺社勢力》，法藏館，一九九五年）。事實上，根據十三世紀下半葉的資料，當時佛教界的勢力被區分為顯密、淨土和禪三大類；根據黑田的見解，主流是顯密，另外還有改革派和異端派，這三者共同構成了當時的佛教勢力。

然而，若用「改革」、「異端派」這些在佛教界並不存在的概念來加以區分，將會出現一個問題，那就是一種截然不同且嶄新的理念體系，即所謂的「官僧與遁世僧」體制的出現（松尾剛次，《鎌倉新佛教的成立：入門儀式與祖師神話》，吉川弘文館，一九九八年）。這種理念形態因為著眼於反映當時佛教界的狀況而提出的「遁世」，我必須給予相當的讚賞。然而，這裡也存在一個問題：用語「官僧」通常用來表示古代佛教界的特徵，即由官方剃度或私人剃度的差異。儘管中世紀的寺僧同樣屬於這一脈絡的延伸，但這樣的用法仍然有些格格不入。

在此之後出現的論點是「交眾與遁世」，這是從佛教界中心與邊陲的關係來把握中世紀佛教的論述。它著眼於當時資料中出現的「交眾」和「遁世」這兩個歷史用語，並將這兩個詞彙視為鎌倉時代佛教界的特徵來加以考量（菊地大樹，《邁向鎌倉佛教之路：實踐與修學、信心的系譜》，講談社選書metier，二〇一一年）。

首先，我們要注意到，尊奉南都各宗及天台、真言的顯密僧侶占據了大多數的勢力，而其中具有代表性的存在——學侶，所專注的佛教事業主要是法會。在這些人中，出現了遁世行為；這種行為具備不願參與法會及與出人頭地息息相關的特質，遠離了僧侶世界的「名聞利用」（指對名聲或金錢的慾望）。這些遁世僧侶構成了一個團體，他們被稱為「遁世門」，從中誕生出來的不論是從教理還是實踐的角度看，都是嶄新的佛教。

就這樣，首先讓我們看看作為社會主流勢力運作的佛教究竟是什麼樣的情況，接下來再將焦點集中在透過遁世形成的集體運作上。

二、顯密佛教的運作

寺院與僧侶

即使到了鎌倉時代，佛教界的主流仍然是自前代繼承下來的南都諸宗以及天台、真言等寺院勢力。在南都寺院中，東大寺與興福寺扮演著重要角色。東大寺是華嚴宗和三論宗的據點，而興福寺則是法相宗的中心。天台宗在比叡山的延曆寺和三井的園城寺，真言宗則在京都的東寺、高野山的金剛峰寺及法親王居住的仁和寺，各自擁有其影響力。原本「宗」是指涉教理的用語，但由於東大寺中設有「宗所」，而平安初期成立的天台宗和真言宗也都是在特定寺院中進行專門修習，因此可以推定，「宗」其實被理解為寺院的固有特性，這也成為日後「宗」被用作團體意義的根源。從院政時期到鎌倉時代，東大寺、興福寺、延曆寺和園城寺這四所寺院被認為是最重要的，因此又被稱為「四大寺」。透過四大寺的僧侶，法會的重要意義在鎌倉時代得以繼承。

院政時期以後的佛教界，其中一大特徵就是僧侶世界開始引入出身區別；依角色不同而產生的學侶、禪侶等區分，此時業已出現。天皇家和攝關家出身的僧侶被稱為「貴種」，其他貴族出身者則稱為「良家」，而非貴族出身者則被稱為「凡人」。另一方面，專門鑽研學問的僧侶稱為學侶，從事外務的則稱為禪侶。學侶是各宗幾乎一致的稱呼，而禪侶則有「行人」、「禪眾」等不同稱呼方式。一般認為，學侶是佛教界的頂尖人物；學侶和其他僧侶也可統稱為「寺僧」，這是因為他們都在寺院的名冊上登記在案。一旦他們從寺院名冊中被刪除，也就意味著被寺院所排除。

法會的營運與佛教教理的關連

前述的四大寺僧侶，特別是被公認為頂尖的學侶，經常應天皇（公請）和上皇（御請）的邀請，出面舉辦高級法會。這種高級法會從院政時期到鎌倉時代一直持續舉行。在這些法會中擔任聽眾與講師，被視為一項榮譽。奈良的三會（興福寺維摩會、藥師寺最勝會、興福寺法華會）以及京都的三會（圓宗寺法華會、圓宗寺最勝會、法勝寺大乘會）被稱為高階法會，這些法會幾乎完全由南都和北嶺的僧侶所主導。而比這些法會更高位階的是稱為「京都三講」的講經論義法會，包括宮中最勝講、仙洞最勝講以及法勝寺御八講。

只有受到公請和御請的出類拔萃的學侶，才有資格執行三講。南都的僧侶必須在三十講等寺內法會中展開深入研究並累積經驗，然後經過南都三會的聽眾和講師的考核，才能加入三講。北嶺系的僧侶同樣需要經過寺內法會以及北京三會的聽眾和講師的考核，才能進入三講。此外，要在當時的重要寺院中被任命為「別當」（寺院住持）或僧正，也必須經歷寺內法會、南北二京的高階法會，以及在京都召開的層次最高的三講。

這些學侶所學習的佛教教理相當廣博。在法會中的經典講說與論義雖有一套固定的公式，但仍需撰寫講說所用的資料，這些資料稱為「經釋」。經釋反映了各僧侶所屬宗派的教學。例如，與《法華經》相關的經釋稱為法華經釋，而天台系寺院的僧侶所撰寫的經釋，則利用天台系的註解，反映天台的教學。另一方面，法相宗的僧侶在論道時，自然使用法相系的註釋，並反映法相的教學。

透過論義與談義來進行鑽研

在教理論爭，也就是「論義」方面，這些僧侶留下了相當豐富的資料。論義因其深刻的原則而廣為人知。例如，三講之一的法勝寺御八講，就有一份由東大寺的宗性所留下的資料，名為《法勝寺御八講問答記》。這份資料主要以問題為焦點；雖然有時完全沒有任何回答部分的記載，但基本上仍然以問答形式為主，可以推定是為了質問者的修習而編纂的資料。

當論義的講師為天台宗僧侶時，問者幾乎毫無例外都是奈良的東大寺與興福寺的僧侶；而當東大寺或興福寺的僧侶擔任講師時，問者則必定由延曆寺或三井寺的僧侶來出任。

雖然在提問中會出現第二個問題，但這裡其實也存在一定的原則。第一問引用之前講述的經典文句，以此為契機，針對與講師教學相關的內容發出提問。第二問則不採用經典文句，直接針對講師所屬宗派的教學發出提問。在文中，常常出現「附帶一提」、「更進一步說」、「兩樣」等特有用語；「兩樣」指的是無論回答是肯定還是否定，都可能引發與其他經論相矛盾的情況。這種論義根據其特徵有不同的命名。例如，興福寺維摩會的論義記錄中，基於經典文章的論義資料被稱為「文短尺」，而基於宗派教學的論義資料則稱為「義短尺」，依此擬出的論義分別稱作「文論義」和「義論義」。因此，我們可以說，在高階法會中所進行的論義，正是由文論義與義論義兩者所構成的。

雖然論義涉及教學的內容，並與堪稱佛教邏輯學的因明相關，但因明在鎌倉時代幾乎不會在高階法會中出現。然而，在法相宗系的寺院中，因明被視為相當重要的學問，因而得以復甦。因明是以四種相違因為論點，這四種相違因使得主張命題與相異的主張命題得以成立，並產生於四個理由中的過失，這些過失分別為法自相相違因、法差別相違因、有法自相相違因和有法差別相違因，以及因的三十三過為學習的重點（師茂樹，《邏輯與歷史：東亞佛教邏輯學的形成與發展》，中西出版，二〇一五年）。

鑽研的具體樣貌

為了在這些論義中能夠開展質疑與應答，即使是東大寺和興福寺的僧侶，也必須具備天台學的知識，而天台的僧侶則需要掌握法相宗、華嚴宗和三論宗的知識。學侶系的僧侶面對緊迫而來的學習需求，廣泛學習傳統宗派的學問，因而成立了一套與寺內法會和地區高階法會密切相連的修習體系。兩京僧侶所參與的、位階最高的法會就是從院政時期到南北朝時期一直存在的前述三講，四大寺的學侶都視與會為極其重要的事。另一方面，這些法會的舉辦宗旨是祈求天皇的健康安穩、五穀豐饒以及萬民安樂；如果重視這一點，就會時刻將國家這個共同體的安定放在心上。

接下來，讓我們舉一些實際被討論的論義例子。比如，在法勝寺御八講的第一天早上，舉行了《無量義經》的講說，其中的文論義是從經典中的「般若華嚴海空」這句話來充分引申。所提出的問題是：雖然經裡出現華嚴、般若等用語，但這些術語所涵蓋的經典與天台的五時八教在何種方面是相當的？作為義論義，也會提出各式各樣的問題。

修習是以論義——一對一的議論——和談義——多方參與的議論——的形式，不斷積累和鑽研；即使是遁世的僧侶，也無法否定這種有體系的修習。在興福寺中，法相宗的僧侶解脫貞慶（一一五五—一二一三）編纂了《唯識論尋思鈔》，不久後又編纂了《成唯識論本文抄》和《唯識論同學鈔》等作品。這些著作使經典記述的整合性與教理的理解得以更深一層。

在十三世紀中葉，出現了一部名為《真理鈔》的引人入勝的著作。這本書探討了我們所認識的世界，認為世界是由我們的感覺器官所捉住的事物在心中描繪成影像，從而產生認識。書中指出，我們的心所產生的作用可以分為「分別」、「名言」和「尋思」三個方面，這些作用被視為「戲論」（使人無法趨向解脫的世間言論或學問）。這一觀點基於中國慈恩大師的著作《大般若波羅蜜多經般若理趣分述讚》，並討論在語言捕捉之前，對象的區別性捕捉已存在於我們的心中。此外，無分別的狀態被定義為心中沒有語言性把握或區別作用的情況。即便如此，在這種無分別的狀態中，對對象仍然存在模糊的認識，因此會產生微細的認識作用；這樣被認識的世界，就是所謂的真如、實相的世界。這一觀點與現象學所探討的世界相互呼應。

此外，即使在真言宗中，關於法身說法的觀點也依賴於瑜（一二二六—一三〇六）所樹立的加持身說法，而這一觀點應該也是從論義中誕生的。

三、新登場的各宗

淨土宗

自十一世紀中葉起，末法（源於佛教）與末代（源於儒教）史觀的思想開始興盛；在這股風潮中，淨土信仰逐漸繁榮起來。淨土信仰最早是由法然（一一三三—一二一二）所奠基。儘管淨土教本身早在奈良朝時期就已得到確認，包括京都的空也、比叡山的源信、良忍、高野山的覺鑁以及東大寺的永觀等人都有在弘揚淨土信仰，但當時僅僅重視觀想和稱名念佛，將其視為修行的一種方法。然而，法然則與此不同，他真正將淨土教確立為一門新的宗派。活躍於鎌倉時代後期的凝然（一二四〇—一三二一）在《淨土法門源流章》中明確指出，「讓淨土教成為獨立宗派的人物，就是法然。」

法然認為，釋尊的說法與教誨可分為聖道門和淨土門，而與末法時期相應的正是淨土門；行為則分為正行（純粹的行為）和雜行（雜亂的行為），與末法相應的正行只有詠唱南無阿彌陀佛的稱名。他這樣主張的背景，一般認為受到中國淨土教法師中最重視稱名的善導所影響，特別是其所作的《觀無量壽經疏》。雖然法然的念佛也強調對阿彌陀佛四十八願（本願）的虔信，但重點仍在於將稱名視為正行並加以實踐。法然的主要著作是應九條兼實的要求而撰寫的《選擇念佛本願集》，這本書匯集了證明「念佛是唯一正行」的各種文章。

最清楚展現法然主張的，是他晚年所記下的《一枚起請文》。在這篇文章中，他如此寫道：「非中國、日本諸智者所言觀念之念佛；亦非學文悟念心之念佛；為往生極樂，唯稱念南無阿彌陀佛而無疑，思『決定往生』而稱念之外，無別事也。」法然認為，只要專心念佛，詠唱「南無阿彌陀佛」，人人皆可往生，這樣便確立了專修念佛的教派。阿彌陀的本願稱為「他力」，基於這種他力，往生是開放給所有人的途徑。只要重視稱名這個誰都能做到的行為（易行），即使是凡夫俗子也可以往生。法然所提到的凡夫，毫無疑問是意識到了個人的存在。

法然的弟子中以僧侶為首，還有許多在家修行者。在僧侶中，有辯長、源智、信空、隆寬、湛空、長西、幸西、道辯及親鸞等人；在家修行者則包括當時政壇的實力派九條兼實、熊谷直實，以及關東武士宇都宮賴綱等人。然而，對後代影響最深遠的，無疑是親鸞（一一七三—一二六三）。

淨土真宗

親鸞的教派在繼承法然教誨的同時，也出現新的發展。他徹底地認識到自己是惡人，並一心仰賴阿彌陀的本願，這體現了一種重視信心的姿態。親鸞特別強調四十八本願中的第十八願，即主張「所有眾生都會因為本願的成就而得到阿彌陀佛的拯救」（設我得佛，十方眾生至心信樂）。與法然將念佛詠唱視為正行並強調「念佛為本」的態度相比，親鸞的立場則可稱為「信心為本」。

親鸞認為，相信阿彌陀的本願是最重要的事，而這種信心甚至可以說是阿彌陀佛親自賜予的。在這裡，他確立了重視阿彌陀的本願力（他力），並否定人所做的「判斷」（即自力）信仰。至於詠唱南無阿彌陀佛這種稱名，則是表達感謝之意。親鸞的信仰是將一切交給阿彌陀的本願，這意味著從凡夫的自覺出發，正面看待人類對情感的委託。在這一點上，或許可以看出它與基督教信仰的相似之處。

時宗

接下來從新觀點弘揚淨土教的是一遍（一二三九－一二八九）。一遍認為，稱名應該日夜詠唱六小時，並宣揚一種跳舞念佛的稱名方式。儘管一遍沒有留下太多資料，我們無法詳細了解他的主張，但透過和歌，我們可以得知以下的故事：最初，一遍詠唱的是「若詠唱則無我無佛，唯有南無阿彌陀佛之聲」，但這被批評為不夠徹底，因此他改唱為「若詠唱則無我無佛，南無阿彌陀佛、南無阿彌陀佛」。從這首和歌中，我們可以察覺到他的目標是透過稱名，致力於達成與阿彌陀的合一感。一遍將生涯奉獻給遊行念佛、賦算（將寫著「南無阿彌陀佛／決定往生／六十萬人」的木牌，無論信與不信皆發給人）、以及在名簿上記下名字的活動。

他的教誨由繼續遊行的遊行聖與駐留在藤澤清淨光寺的藤澤上人所繼承。從這時開始，清淨光寺所傳下的別時念佛，成為一種決定時間並反覆稱名念佛的修行方式。在最後一天，會舉行一個名為「一道火」的佛事，這當中可以看見一種思維，即位於穢土此岸（娑婆世界）的教主釋尊，與位於淨土彼岸（極樂淨土）的教主阿彌陀佛攜手實踐眾生救贖的理念。這種念佛被稱為「阿彌引陀式之念佛」，其音樂要素非常明顯。可以說，時宗的念佛具備藝術性，自室町時期以後，它在京都四條設立了道場（四條道場），對演藝相關人士產生了顯著影響；能樂與茶道的成就與時宗有著密切的關聯，這是眾所周知的。這個宗派可以說是致力於透過音樂性稱名的唱和與恍惚境地，達到與阿彌陀一體的流派。

禪宗

接下來我們要注意的是以達摩為祖的禪宗成立。日本的禪宗最初的提倡者是大日能忍（生卒年不詳），但他自稱無師承，自行開悟。為了彌補自己的不足，他在文治五年派遣兩名弟子練中與勝辯前往浙江省的阿育王寺，請求拙庵德光協助證明他的悟境；德光則賜予他達摩像和自讚頂相，以此代替印可。

接下來活躍的是遠渡中國受法的榮西（一一四一—一二一五）。榮西是第一位將中國南宗禪正式介紹到日本的人。然而，隨著他的勢力逐漸擴大，卻引發了既有佛教界的反感，因此在建久五年（一一九四），隨著延曆寺和興福寺的陳訴，朝廷下達旨意要求他停止傳法。為此，榮西撰寫了一篇《興禪護國論》，主張禪的興盛與護國密切相關。榮西原本是在比叡山學習的僧侶，他在日本最初創建的禪寺建仁寺中，提倡天台、密教與禪的融合。近年來在名古屋的真福寺發現了榮西與密教相關的著作，這進一步確認了他的教義是密教、天台與禪三者融合的產物。因此，從這一點來看，他並不是將中國的禪原封不動地傳入，而是以日本的顯密為基礎而加以引進。

在榮西的時候，禪宗的勢力尚未擴張到很大的地步，但隨著圓爾（一二〇二—一二八〇）和蘭溪道隆（一二一三—一二七八）的出現，到了十三世紀中葉，禪宗已經形成了一股較大的勢力。圓爾是在三井園城寺得度，並在東大寺受戒的僧侶。嘉禎元年（一二三五），他渡海前往宋朝，繼承了無準師範的法。歸國後，他受到九條道家的庇護，在京都創建了東福寺，並成為首任住持。在他過世後的應長元年（一三一一），他被花園天皇追封為「聖一國師」。

根據圓爾的語錄《聖一國師語錄》，釋迦一代的教誨可以分類為理致、機關和向上三種類型。相同的記載也出現在《元亨釋書》的圓爾傳中，夢窗疏石的《夢中問答》中亦有類似的說法。理致是指使用緣起和空等用語來表達佛法教誨的方法；機關則是指像「狗子有佛性嗎？沒有」這類沒有明確答案的文章（公案），持續懷抱在心中的產物；而向上則是指「山就是山、水就是水」這種達到無分別境地的公案。這三者作為開悟的方法，各有其意義，但向上的公案尤其引人入勝。這種公案的主張是，我們的世界被認為是透過分別而成立，並呈現出象徵性的產物；然而，在悟的境地中，這樣的分別（言語的事物）並不存在，唯有直接掌握世界才是重要的——這就是它的定義。

蘭溪道隆是從中國南宋渡海來日的僧侶，也是第一位讓大陸風禪學在日本生根的人。後來的無住一圓在《雜談集》中提到，蘭溪創建的建長寺，引進了大陸風的習慣。另一方面，圓爾的門下則有虎關師鍊（一二七八—一三四六）登場；虎關留下了許多著作，並撰寫了日本第一本正式的僧傳資料《元亨釋書》。除此之外還有宗峰妙超、高峰顯日、夢窗疏石等人登場，禪宗獲得了重大發展。特別是夢窗疏石，號稱有弟子一萬人。渡海來日的僧侶如無學祖元、兀庵普寧、一山一寧等，也讓來日的禪學日益推廣。

當時的禪宗分為五山和林下，並在幕府的庇護下，五山一度榮極一時。五山指的是在京都和鎌倉設立的代表性寺院，其中京都的南禪寺更是位階較高的寺院。然而，隨著幕府的衰退，五山在室町末期也隨之衰微。相對於此，扎根於民眾中的林下寺院逐漸展開勢力，特別是以京都花園的妙心寺和紫野的大德寺為其兩大據點。

在這些禪宗寺院中，創作漢詩文的文化也相當興盛。自十三世紀起，禪林中興盛的文化被稱為五山文化，而以漢詩文為中心的作品則稱為五山文學；這些文學的前提是，言語無法表現的悟之境地，或許能透過詩的象徵性來展現。這種五山文學在十六世紀演變成純文學，並被近世儒者的漢詩所承襲。透過靜寂禪定來發現本心的修行方法，也被視為當時武士應有的教養，並廣泛受到接受。此外，他們還為在元寇與南北朝動亂中喪命的眾人建立寺院，供養不分敵我。在這裡，也可以看出所謂的「怨親平等」思想。

鎌倉時代的禪宗，以道元（一二〇〇—一二五三）最為重要。他拜天童如淨為師，傳播來自大陸的曹洞宗。道元聽了如淨的「心塵脫落」這句話而開悟，並稱這種悟的境地為「身心脫落」。如淨所提到的「心塵」指的是心與塵，而道元的「身心」則是身與心，兩者都指透過感覺機能所描繪的世界（即被掌握的對象）以及對這些對象的心之運作。他們察覺到人類的認識架構，從而醒悟到不能拘泥於此。

道元的主要著作是《正法眼藏》，書中提到的現成公案強調忘卻自我是非常重要的，這被視為「萬法所證」，同時也提到「萬法進，修證自己則悟」。在這種境地中，人類的感覺機能所捉住的世界並不是透過自我的意識運作，而是彷彿呈現出一種持續覺知的「觀」的世界。此外，在道元的主張中，「修證一等」這個用語也相當重要，這裡可以看出自院政時期以來逐漸浮現的、對任何事物持肯定態度的本覺思想所展現的超越意識。「修證一等」的意思是修行本身即是證，也就是悟，這種看法認為在修行過程中同時實現了悟。這一觀點在當時背景下的定位，主要是因為強調悟的本覺思想存在可能陷入不需修行的危險，因此道元試圖克服這種弊害。

中世紀律宗

在中世紀的南都，主流仍然是平安時期延續下來的顯密僧侶。雖然發生了嚴重的治承兵亂，導致東大寺和興福寺化為灰燼，但不久後這兩座寺院又重新復興。這次復興受到禪宗到來的刺激，法相宗與律宗之間掀起了新的運動。俊乘房重源擔任東大寺復興的大勸進一職，成為復興的中心人物，他的繼任者是榮西。此後，擔任該職位的僧侶多為與禪律相關的人士，例如圓照復興了東大寺戒壇院，還有被稱為油倉聖（此名來自作為募捐基地的東大寺燈油倉庫）的西迎房蓮實，以致力於復興而廣為人知。

在教理方面也可以看見新的發展，遁世僧侶在這方面也起到了助力。首先，法相宗本宗的僧侶貞慶促使戒律與禪定的復興勢頭高漲。他留下了《心要鈔》這本著作，書中提及修行，並在傳授彌勒的頌偈文（《阿毘達磨雜論集》中的一節）中提倡念佛的詠唱行為。此外，在戒律的復興上，他也撰寫了《戒律興行願書》，將南都堂眾中的最高位階定位為東大寺戒壇院的戒和尚。在貞慶的建議下，興福寺內設立了學習戒律的場所常喜院，在這裡學習的覺盛（一一九四—一二四九）後來扮演了相當重要的角色。

在律宗方面，首先值得注意的是正始元年（一一九九）前往宋朝並於建曆元年（一二一一）歸國的俊芿（一一六六—一二二七）。他以京都的泉涌寺為據點，廣泛傳播律宗、密宗、禪宗和淨土四宗。俊芿在律與禪的復興上都是重要人物，後來的南都僧侶也會前往泉涌寺學習。此外，據說俊芿曾進行自誓受戒，儘管據稱他並未公開此事。後來，南都的覺盛、叡尊、圓晴和有嚴四位僧侶，在嘉禎二年（一二三六）九月於東大寺的法華堂自誓受戒；這場受戒是根據《占察經》的記述，在沒有正統戒師的情況下，以便法的方式進行的。關於這一點，根據叡尊（一二〇一—一二九〇）所留下的《自誓受戒記》，他參考了《大乘方等陀羅尼經》的記載，以夢中出現的好相為依據而進行受戒。

在這之後，覺盛撰寫了《菩薩戒通別二受鈔》與《菩薩戒通受遣疑鈔》，提出在受三聚淨戒的情況下，授予菩薩具足戒的新解釋，並將這種受戒法命名為「通受」。至於傳統的白四羯磨式受戒法，則被稱為「別受」，以兩者並存的形式建立。在當時，泉涌寺的受法稱為「自誓」，而南都的受法則稱為「通受」。

通受最初作為新理念，曾引發很多反對聲浪。就背景而言，東大寺的法華堂與中門堂、興福寺的東西兩金堂執行的是鑑真以來的傳統受戒，但並不是每年舉行。然而，在法相宗的良遍和三論宗的迴心大力推動下，通受最終逐漸被南都所接受。以西大寺為據點的叡尊，將通受與別受視為一般具足戒受戒的兩種方式之一，因此他對許多僧俗都採用通受和別受兩種方法來授予戒法。根據叡尊的自傳《感身學正記》，可以確認他在一生中對很多人授予了菩薩戒，其中大多數推測為通受形式。此外，在明治以後，通受形式成為唯一的受戒方式，至今東大寺戒壇仍以十餘年一次的頻率來進行通受形式的具足戒受戒。

另一方面，東大寺的東南院與尊勝院、興福寺的大乘院與一乘院等院家，自平安時代以來便持續在法會與論義的實習中鑽研佛教教理。他們作為交眾活躍，並採用論義的手法推進學解的佛教。作為這種僧侶的典型，尊勝院的辯曉（一一三九－一二〇二）與宗性（一二〇二－一二七八）相當著名。特別是宗性以華嚴宗為本宗，留下了許多資料，包括當時位階最高的三講論義記錄《法勝寺御八講問答記》與《最勝講問答記》，至今仍然保存。

在遁世僧侶中，戒壇院的凝然也是一位編纂許多著作的重要人物。他在二十九歲時編著的《八宗綱要》，詳盡介紹八宗的教義，至今仍被視為入門書籍。他還留下了詳述佛教歷史的《三國佛法傳通緣起》，以及其他綱要書如《律宗綱要》、《華嚴法界義鏡》和《華嚴五教章通路記》等作品。

法華宗

日蓮（一二二二－一二八二）誕生於安房國（今千葉縣），曾在比叡山修法，並於三十二歲下山，此後便以關東為中心展開活動。如今他的宗派被稱為日蓮宗，但直到明治時期之前，仍被稱為法華宗。日蓮的主張源於「釋尊的教誨中何者為真」這一疑問，並以《法華經》為唯一真實經典的理解作為出發點。這一立場的背景是對當時已經普及的法然淨土教、大日禪宗，以及密教化的天台來批判。在二十年的修法期間，日蓮接觸了天台的五時八教教判，特別是以《無量義經》中「四十餘年未顯真實」的記述為依據，確信《妙法蓮華經》（法華經）才是釋尊的真實教誨。

日蓮認為，反覆發生的饑荒與疾病，都是由於為政者錯誤的信仰所致，因此他撰寫了《立正安國論》，向當時的執政核心人物北條時賴提出。同時，他也提倡實踐《妙法蓮華經》教義的具體手段，即詠唱「南無妙法蓮華經」這七個字。日蓮的一生都在這種「唱題」以及勸人唱題的活動中度過。他曾經遭遇過多次法難，但在這些磨難中，他始終堅持《法華經》中所述的，上行菩薩的自覺。

日蓮在晚年被處以流刑，流放到佐渡島，但他的思想反而更加純熟，並寫下了《開目抄》和《如來滅後五五百歲始觀心本尊抄》等作品。在這裡，他的獨特理解是，天台教理核心的「一念三千」是妙法，也是釋尊賦予的種子。根據這種理論，他提倡「這種妙法本身會透過詠唱法華經的主題，將釋尊的所有因行果德全部『轉讓』給詠唱的人」，從而確立了「可以透過唱題這種具體的行為獲得釋迦所賦予的救濟」這一面向（茂田井教亨，〈《觀心本尊抄》中的《摩訶止觀》〉，收錄於關口真大編，《止觀的研究》，岩波書店，一九七五年）。

唱題可以說同時觸及了止觀和救濟兩個層面。唱題這種易行的方式，強調對深信《法華經》這一妙法的信仰，與淨土宗有相似之處；而在創始獨有的曼荼羅方面，則又與真言宗有近似性。

日蓮的教誨被六位高足（日昭、日朗、日興、日向、日頂、日持）所繼承，其中日朗的弟子日像開始在京都傳教。十四世紀初期，貴族出身的真言宗僧侶大覺（一二九七—一三六四）轉而成為法華宗僧侶，並在京都與岡山建立了大據點。不久後，他來到室町，肩負起京都町眾的信仰，使其興盛至極。然而，這一切的背景在於他對日蓮所言「法華經應當受到官方關愛」的獨特解釋，並在理論上認為應將其視為職業來勵行。

神佛關係

鎌倉時代在神佛關係上出現了嶄新的形式。在古代，主要是佛教陣營探索與日本傳統神明的關係，從而創造出神身離脫與佛教擁護、神佛隔離等說法。然而，自鎌倉時期以後，與神明有關的人們開始提出對神佛關係的新見解。神本來是存在於心之外的事物，但卻能深入人心。這顯然是希望將佛教獨占的救濟與自我變革等角色，也讓神明信仰承擔起一部分責任。這種神明觀的變化同樣是相當重要的（伊藤聰，《神道的形成與中世紀神話》，吉川弘文館，二〇一六年）。

四、小結

雖然我們提到了佛教界從前代繼承下來並持續運作的法會、經典講述及論義等特徵，但在這些中，論義與談義等教理論爭特別值得關注。關於如何整合各種經論中出現的矛盾技術，成為眾人的焦點，這看起來與基督教的神學論爭頗為相似。透過這種形式的修習，僧侶們不斷鑽研，尤其是法相宗僧侶對我們認識形態的議論，特別值得注目。

另一方面，淨土系與法華系從救濟的角度提出的獨特見解也隨之而生。基於對阿彌陀本願的信仰，法然認為可以透過稱名念佛獲得救濟；親鸞則強調信的力量；而日蓮則以一念三千為關鍵，主張釋尊的妙法盡在其中，並提倡信仰與唱題相配合。再加上禪宗的實踐，這些思想至今仍廣泛被接納，為讓戲論運作無法動搖的心靈帶來變革的力量。從讓戲論運作無力的變革來看，中世紀佛教其實具備了共通的基礎。

延伸閱讀

智山勸學會編，《論義的研究》（青史出版，二〇〇〇年）——針對日本佛教盛行的論義，按各宗派別逐一簡要說明。

永村真，《中世寺院史料論》（吉川弘文館，二〇〇〇年）——對中世紀時代留下的資料，特別是稱為聖教的文獻，詳細論述的書。關於興福寺、東大寺所舉行法會的資料，相當詳盡。

蓑輪顯量，《日本佛教史》（春秋社，二〇一五年）——從學問鑽研與修行實踐兩個論點，對日本佛教進行相對性的論述，有助於掌握中世紀的整體樣貌。

末木文美士，《日本思想史》（岩波書店，二〇二〇年）——不侷限於佛教，而是從思想史的觀點來看日本佛教；在從思想史這個視角來觀看時，相當有用。

CHAPTER

nine

第九章
中世紀猶太哲學　志田雅宏

中世ユダヤ哲学

一、異邦的思想

前史

對猶太教而言，哲學是純粹的他者。朱利葉斯．古特曼（Julius Guttmann）指出，猶太哲學是「逐漸吸收異邦思想的歷史」（合田正人譯，《猶太哲學》，Misuzu書房，頁三）。另一方面，將哲學定位為他者是一種極度意識的做法。在中世紀以前，猶太教的領袖（拉比）稱哲學為「希臘的智慧」，並因其否定創世的觀點而對其敬而遠之。

猶太教曾經與這種「希臘的智慧」相遇過。從前三世紀到一世紀，希伯來語聖經的希臘語譯本（七十士譯本）以及亞歷山卓的斐洛（Philo of Alexandria, 20 BCE-50 CE）哲學使猶太教接納了希臘化文化。然而，隨著以《米書拿》和《塔木德》為基礎的拉比猶太教於二世紀至六世紀形成，希臘化時代的思想文化便完全消失了。猶太教以學習妥拉（神的教誨，即聖經與塔木德）為中心，在這種學習傳統中，常常將哲學視為他者。例如，在塔木德的一個故事中，有位已學完妥拉的弟子問老師學習「希臘的智慧」是否合適。老師看穿了弟子的傲慢，回答：「如果你能找出不屬於白天、也不屬於黑夜的時間，那你就去學習希臘的智慧吧！」（《巴比倫塔木德》，〈梅納霍特篇〉九九b）

確實，塔木德中存在著與希臘哲學截然不同、堪稱極為獨特的「哲學」。例如，聖經規定，在野外發現有人被殺時，必須測量遺體到周圍城鎮的距離，並在最近的城鎮中舉行贖罪儀式（《申命記》二一：一－九）。針對這一點，拉比們展開了激烈的討論，究竟應從遺體的「肚臍」量起，還是「鼻子」量起？他們的考察延伸至「神用什麼方式賦予人類生命」的主題——即生命的開端是從胎兒形成的瞬間開始，還是從人臉被造出來、神將生命的氣息吹入鼻子的瞬間開始（《巴勒斯坦塔木德》，〈索塔篇〉九：三）。透過對哈拉卡（猶太法）的具體議論，我們可以窺見他們所編織的關於人類、生命與世界的思考樣式。然而，這種考察絕不是透過造訪希臘化文化遺產的方式進行的。

然而，九世紀時，猶太教世界發生了重大變化，開始積極接納源自古代希臘的哲學。這一變化與猶太人作為宗教少數派在伊斯蘭和基督教的廣大一神教世界中生存的現實密切相關。這道光芒為妥拉賦予了新意義，並蘊含著名為「哲學」的智慧。當猶太人相信這一點並重新面對他者文化時，中世紀的猶太哲學便發出了初生的聲音。

又過了三百年後，中世紀猶太教最偉大的哲學家邁蒙尼德（Moses ben Maimon, 1138-1204）將猶太民族與神的關係比喻為王宮，並批評單純遵循傳統妥拉的信仰和實踐不過是在宮殿外徘徊（《給迷途者的引導》三：五一）。他認為，為了進入宮殿、貼近神的存在，必須持續探究信仰與實踐的「意義」。為什麼要信奉神？為什麼要遵守神所下令的宗教戒律？對於追尋猶太教生命意義的邁蒙尼德而言，復興的一神教世界中的希臘哲學成為他值得信賴的指引。

在伊斯蘭世界中揭開猶太哲學的序幕——薩阿迪亞

初期的中世紀猶太哲學，是以阿拉伯語或猶太／阿拉伯語來運行的，而作為其先聲的，是薩阿迪亞．果昂（Saadia Gaon）。在當時，「果昂」是巴比倫猶太教學校校長的稱號。薩阿迪亞是一位法學家，指導哈拉卡最高決定機構，並且是為聖經的阿拉伯語譯本撰寫註解的註釋家。他還參與了和不認可塔木德權威的猶太教卡拉派的辯論，在多個方面都產生了重大影響。

薩阿迪亞還有另一個稱號，「語者之長」。這個稱號不僅表彰了他在法學、聖經解釋、哲學和祈禱等各個領域作為「言語」的開拓者，同時也反映了他主要著作《信仰與意見之書》的特點。因為在這部著作中，全面地採納了伊斯蘭的辯證法神學——凱拉姆（kalam，意指「言語」）。其方法是針對某個主題提出所有相關的議論來徹底分析，並引出正確的結論。

以靈魂論為例（見《信仰與意見之書》第六章）。薩阿迪亞首先批判性地檢討了包括靈魂從神流出的流出論在內的十一個假說，並主張最後一個假說是正確的。這一假說認為，靈魂的形成與身體的形成是共同發生的。聖句「鋪張諸天、建立地基、造人裡面之靈」（《薩迦利亞書》一二：一）恰好說明了這一點。薩阿迪亞將「裡面」解釋為「（在身體裡的）心的內部」。他進一步指出，這一真理可以透過理性和聖經這兩種證據來支持。因此，在《信仰與意見之書》中，議論是透過聖經的解釋和辯證法來組織的。

薩阿迪亞將理性視為與啟示相隨且不可動搖的基礎。在聖經的創世故事中，神對各種被造物的評價都是「看了之後覺得好」。神的善性在啟示中同樣得以體現，因為神希望將人類引向救贖，因此賦予了人理性。這種信念將理性視為神的贈禮，對神的啟示——即聖經的解釋方法，產生了決定性的影響。薩阿迪亞宣稱，聖經應從字義上閱讀，但如果遇到不明之處，則應依循理性予以寓意上的解釋。這一宣言對於猶太哲學在理性之光照耀下閱讀聖經並將其作為基礎展開思考，扮演了決定性的角色。

猶太教新柏拉圖主義——伊本・蓋比魯勒

話說，新柏拉圖主義的流出論雖被薩阿迪亞所拒絕，但在遠離巴比倫的西班牙卻被積極地採納。所羅門・伊本・蓋比魯勒（Solomon ibn Gabirol, ca. 1021-1058）受到翻譯成阿拉伯語的新柏拉圖主義文獻的影響，撰寫了《生命之泉》一書（阿拉伯語原典已散佚，現存的有拉丁語譯本與希伯來語抄譯本）。在方法論上，薩阿迪亞和伊本・蓋比魯勒也形成了鮮明的對照：前者引入了有系統的辯證法，而後者則透過詩歌來表達其思想。

伊本・蓋比魯勒的哲學並不是對普羅提諾等人的新柏拉圖主義思想的直接接受，而是透過亞里斯多德哲學的阿拉伯語文獻以及希伯來語小著作《創世之書》（*Sefer Yetzirah*，該書主張神透過二十二個希伯來字母和稱為「瑟費洛」的十個要素構成體系，從而創造出世界）來加以層層整合。因此，伊本・蓋比魯勒的「新柏拉圖主義」中體現了只有在一神教世界中才能出現的變化。最顯著的變化在於對神的理解：普羅提諾的神（the One／太一）被視為先於存在的，而伊本・蓋比魯勒的神則被認為是存在本身（第一本質）。此外，他在《生命之泉》中提到「意志是創造萬物、使之行動的神之力」（一：二），在「太一」流出並使萬物存在的過程中，引入了「意志」這一新的階段，將「流出」重新定義為「創造」。創造的意義在於，神作為存在的本身，憑藉自己的意志展現流出的行為。

在最初階段，透過流出產生的是「材質」與「形相」。雖然這是亞里斯多德本體論的基本概念，但伊本・蓋比魯勒解釋說，這兩者分別是「普遍的材質」和「普遍的形相」。隨後，從這種材質與形相中，依次誕生出知性、靈魂、自然等精神性實體。物質世界並不是直接從神流出，而是透過這一連串的過程作為媒介，然後才首次產生。

此外，伊本・蓋比魯勒從創造論的視角對材質和形相提出了獨特的解釋。他常用「基礎」這個詞來描述材質，意指材質是從存在本身的神流出，未經意志介入，成為萬物的根基。這種作為基礎的材質涵蓋了從知性和天體到四元素所構成的地上物質，成為世界上所有個體存在的共通基底。另一方面，形相則是透過神的意志流出，神以自己的意志賦予萬物形態。天地間的一切事物共享這一基礎材質，而它們以固有形態存在，正是神意志所引導的創造行為的證明。簡而言之，伊本・蓋比魯勒的創造論透過材質、形相和流出等概念詮釋聖經中的創世故事，並加入了意志的元素，這可以被稱為「猶太教的新柏拉圖主義」。

對哲學的批判——猶大・哈列維

雖然中世紀猶太哲學在希臘和阿拉伯思想的深刻影響下發展起來，但有一位思想家在使用阿拉伯語的同時，與古希臘思想對峙，從而產生出一套「對哲學批判之哲學」的思想體系——猶大・哈列維（Judah Halevi, 1045-1141）。有一次，哈列維偶然聽到了一個傳說：裡海沿岸的可薩民族之王選擇了猶太教，並皈依於猶太教。於是，他將這個皈依故事融入宗教與哲學論爭的新要素，昇華成了《可薩人之書》（*Kuzari*）這部對話篇。在《可薩人之書》中，面對追求真理的可薩王，基督教徒、伊斯蘭教徒和希臘哲學教師試圖說服他，卻都遭到挫折；最終，只有猶太教的拉比能夠滿足他的要求並獲得成功。這位拉比所表達的思想，正是哈列維自己濃厚的猶太思想。

哈列維提出了世界的「永遠性」與「創造」兩個主題。他指出，神「不論事物是運動還是靜止，總是把它的開始當成第一因來加以規定」（《可薩人之書》一：七三），這一觀點對亞里斯多德提出了批判。受到前述猶太教新柏拉圖主義的影響，哈列維將神的意志置於更重要的位置。他認為，神不僅憑藉意志創造萬物，還透過無數奇蹟以及在西奈山頂對摩西的啟示，展現了對身為被造物的人類的強烈關心。哈列維著眼於意志，明確區分了亞里斯多德所描繪的哲學家之神與作為亞伯拉罕的神、以及出現在摩西面前的神。

《可薩人之書》的獨創性最明顯地體現在「神的力量」上。「神的力量」指的是特定個人擁有的能力，能夠幻視創造出的階層化世界。擁有這種力量的人能獲得對神的體驗，這是哲學思考所無法達到的。這種體驗即是預言。拉比對國王回應道：「我們是透過預言與神密切結合在一起。」（《可薩人之書》一：一〇九）這裡的「我們」並不是指地上所有的民族，而是猶太民族。哈列維明言，「神的力量」是猶太民族固有的能力，基於這一點，他強烈主張摩西的啟示、猶太教的戒律以及聖地（巴勒斯坦／以色列之地）的宗教固有性。

哈列維將亞里斯多德的神觀念和世界觀與猶太教的傳統價值明確對立，但在《可薩人之書》的序文中，他插入了一句耐人尋味的話：「有知者必將理解。」這句話暗示他在作品中融入了只有學習過哲學的知識型讀者才能理解的隱祕意義。神為了表明自己所啟示的妥拉並非人類所制定的法律，在西奈山上雷聲轟鳴，將石板授予摩西。這一連串事件似乎讓人感受到神在對以色列全體人民說話。然而，在啟示中，預言者摩西所體驗的卻是與「神的力量」的合一，這一點普通民眾無法理解。這種體驗超越了所有物質層面，顯示出純粹靈性與神祕的合一。哈列維將此視為隱祕的意義，因此沒有過多提及，可能是因為他在尋求哲學的包容性。透過這種方式，他暗示除了以對立的方式討論猶太教的「顯義」外，還存在著透過體驗啟示來理解與神合一的「祕義」，從而展現了這一可能性。

二、邁蒙尼德——中世紀猶太哲學的頂點

作為出發點的亞里斯多德

在巴勒斯坦北部的加利利湖畔提比利亞，有一座墓碑上刻著「從摩西到摩西，再也沒有類似的人出現過」的弔辭。這座墓碑是猶太人領袖摩西．本．邁蒙，也稱邁蒙尼德的墳墓。他因將龐大的塔木德律法進行精緻的體系化，撰寫《密西拿律法》（*Mishneh Torah*），從而引發猶太法學革命而廣為人知。然而，在哲學方面，他也成功地將猶太教與希臘哲學相整合。對邁蒙尼德而言，「希臘」指的是法拉比、阿維森那（伊本．西那）和阿威羅伊（伊本．魯世德）等伊斯蘭哲學家在中世紀重新復甦的亞里斯多德學說。如本章開頭所述，邁蒙尼德致力於探究猶太教信仰與實踐的意義。他相信，這種探究必須透過哲學思維來引導，而理解啟示的過程，則能讓人類的知性得到完滿，並帶來幸福。對他而言，亞里斯多德是統合宗教與哲學的宏偉嘗試的出發點。

由三部構成的哲學書《給迷途者的引導》，正如其名，具備了教育的性質。第一部解釋了聖經中關於神的表現手法；邁蒙尼德批判了對「神之手」或「神怒」等表述的字面解釋，指出這樣會誤導人們產生擬人化的神觀，即將神與人用同樣的方式理解。此外，在《出埃及記》第三十三章中，摩西曾對神表達想感受其善意的願望：「求你將你的道指示我」（三三：一三），

並接著請求神顯現他的榮耀：「求你顯出你的榮耀給我看」（三三：一八）。神第一次回應時顯示出「善意」（三三：一七），但第二次卻說：「你不能看見我的面。」（三三：二〇）對此，邁蒙尼德提供了獨特的解釋（《給迷途者的引導》一：五四）：他認為，第一次的交流圍繞著神的「屬性」，而第二次則涉及神的「本質」，即存在。

邁蒙尼德不僅如此，還將神的屬性分為兩類：第一類是神在這個世界上運作的屬性。關於神的身體（如手）或情感（如怒）等表現，都是指神在直接運作時所顯現的嚴格或慈悲，屬於這類屬性。第二類則是僅透過否定命題來表現的屬性。例如，詩篇中有言：「你當默默無聲，專等候神」（詩篇六二：五），不論用多麼肯定的敘述，都無法充分表現神的真實。唯有透過雙重否定的方式，即「神並非『不是X』」來理解這種屬性，才能接近對神的真實認識。

邁蒙尼德進一步指出，神的回答是在教導我們人類的性質極限。簡而言之，知性對神屬性的理解是有限的，無法絕對達到神的本質。然而，邁蒙尼德的目標並不僅僅是基於聖經解釋來發展神的屬性與本質的理論。他更希望讀者理解自身知性的侷限，並學會謙虛。

在第二部中，邁蒙尼德首先以神的存在證明為主題。他所謂的神的存在證明，是將亞里斯多德（如《自然學》第八卷、《形上學》第一二卷等）與阿維森那的思想整合後的產物。他認為，這個世界是運動的連鎖，所有存在的事物都必須有使其運動的直接原因。在這裡，下界萬物的生成與消滅作為運動體系，可以追溯到天體的恆常運動，但天體本身也必須有使其運動的存在。

天體運動的原因在於它不需要其他事物來使其運動——只需神的存在便足夠。邁蒙尼德依循伊斯蘭哲學與亞里斯多德的解釋，根據神的唯一性與非身體性，來理解作為「第一因」的「神」的概念。這位不動之動者的神並沒有身體，是超越時間範疇的唯一存在。

另一方面，邁蒙尼德在論述神的存在時，深受阿維森那思想的影響。他不僅關注神之存在（即運動）的終極原因，更強調必然存在本身的理解。神以外的萬物存在，皆是透過直接動因而被偶然規定的產物；相比之下，只有作為第一因的神是必然的存在。作為這種存在本身的神，如前所述，是超越人類知性的神之本質。

深陷苦海中的人們，該如何生存？

接下來，邁蒙尼德討論預言。他指出，預言的「影響是透過來自神的積極主動知性來進行中介，最初流向發話的力量，接著則流入想像的力量當中」（《給迷途者的引導》二：三六）。這種「積極主動的知性（可動知性）」源自於亞里斯多德的靈魂論，作為神與人類知性之間的聯繫媒介，成為伊斯蘭哲學的核心概念。邁蒙尼德主張，透過可動知性來促進預言的運作，可以看作是知性與想像力的完滿，這反映了某種哲學理解。根據本章開頭的王宮比喻，先知被認為是最接近神的人物。他們不僅實踐猶太教的戒律，探究其意義，還進一步深入數學、邏輯學、自然學和形上學等各種學問，全心投入對神的思考。這正是人類知性的完滿。在這一階段，靈魂已經超越肉體的死亡，掌握了永恆的生命。

這種作為知識完滿者的先知形象，依循亞里斯多德所言「知識會為人帶來完滿與幸福」的人類觀，而預言則是人類提升自身知性、積極主動的行為，這反映了他對預言理解的革新之處。在這裡，邁蒙尼德幾乎將哲學家和先知等同視之。然而，邁蒙尼德在兩者之間加入了「獲選」這一要素。先知的出現並非僅僅依賴知性與想像力的完滿，最終仍需透過神的意志來選拔。在這一點上，邁蒙尼德仍然賦予神的意志一種決定性的角色。

然而，人類對神的知性探究常常伴隨著挫折的危險，特別是在面對苦難時的深刻狀態。畢竟，當信奉神的人遭遇意外災難時，往往會對神的意圖產生懷疑。邁蒙尼德從描述義人約伯苦難的《約伯記》中探討這一神意與知性的主題。他解釋道，儘管約伯是一位道德高尚且正直的人，但卻並不是一位聰明人。他懷疑神的意圖，認為是因為缺乏知識，才使自己感到痛苦。然而，約伯透過與朋友及厄里烏（Elihu）的對話，最終領悟到了真理——即人類無法知曉神的真正意圖。

然而，《約伯記》並不是教導神意與人類知性斷絕的故事。相反地，邁蒙尼德堅信，這種決定性的斷絕經驗「反而會使人對神的愛有增無減」（《給迷途者的引導》三：二三）。當人面對無法理解的苦難時，無法得知神的意圖，這與人對神的愛密切相關；這種主張可謂是一種驚人的逆轉。在這裡，他超越了亞里斯多德的觀點——神意僅是「種」（species），而不能稱為具體的個物。雖然邁蒙尼德將約伯的故事視為寓言，但約伯所經歷的苦難隨時可能降臨在任何人身上——他自己也曾因海難失去至愛的弟弟大衛。這個故事的意義在於，直面苦難、懷疑神的正義的每一個人都能從中獲得啟示。人類知性的圓滿，不僅僅是為了超越死亡、獲得靈魂的永生，還包括理解知性的極限，即使面對苦難仍甘願接受，並將此與對神的愛緊密相連，這正是猶太教所教導的神聖故事。從亞里斯多德出發的邁蒙尼德哲學探究，可以視為對「深陷苦海的人們應如何生存」這一問題的回答。

三、邁向猶太教文化中的哲學

從阿拉伯語翻譯成希伯來語，以及之後的論爭

因此，中世紀猶太哲學的著作幾乎都是用阿拉伯語書寫的。然而，在十三世紀至十四世紀初期，這些文獻被翻譯成希伯來語，並引入西方基督教世界的猶太人。負責這項翻譯工作的，是來自南法的蒂邦（Ibn Tibbon）家族。這個猶太家族將猶大・哈列維、邁蒙尼德，甚至阿威羅伊的著作翻譯成希伯來語，以滿足那些渴望學習哲學的年輕人的需求。

然而，西方世界的猶太教文化與伊斯蘭世界截然不同。在北法，以拉什（Rashi, 1040-1105）為中心，建立了一種精緻的塔木德學習傳統。與此同時，在批評邁蒙尼德法學的南法思想家

中，卡巴拉（猶太教神祕主義）出現，並不久後在基督教圈的西班牙產生了重大影響。此外，隨著南法對基督教異端的取締日益嚴格，哲學傳統經常被視為異端，給周遭的猶太社會帶來動盪。在這種文化傳統與社會狀況下，伊斯蘭世界的哲學思想流入，引發了部分猶太人的擔憂，並很快導致大規模的論爭。

在一二三〇年代爆發於南法的邁蒙尼德論爭中，反對派將學習邁蒙尼德哲學著作的人宣告逐出教會（破門）。這場論爭的焦點不在於《給迷途者的引導》的內容，而在於猶太教的教育課程是否應該結合哲學。對於「學習哲學是否會導致對聖書與塔木德的輕視」的擔憂，聲浪不斷高漲。不僅如此，反對派依附於北法猶太人領袖的權威，而贊成派則依附於基督教圈西班牙的領袖，最終演變為雙方互相破門的局面，導致了更大的混亂。在中世紀，各地的猶太人共同體維持著法律上的自治，並形成了獨特的文化；然而，借助其他地區的權威宣告破門的行為，嚴重動搖了猶太教世界的共同體自治。

進入十四世紀後，西班牙的猶太人社會發布法令，禁止二十五歲以下的年輕人學習哲學。這裡所指的哲學，是指阿威羅伊所傳入的亞里斯多德哲學。雖然這項法令本身並未產生太大效力，但隨後在西班牙，對希臘／阿拉伯哲學的懷疑與反彈逐漸浮現。

基督教世界的猶太哲學——克雷斯卡斯

在將這種反彈內化的情況下，中世紀猶太哲學迎來了最終階段。自十四世紀以降，猶太哲學的舞台轉移到西班牙，以受基督教經院哲學影響的希伯來語哲學形式展開。其中一位主要人物是哈斯戴．克雷斯卡斯（Hasdai Crescas, ca. 1340-1410）。克雷斯卡斯在一三九一年於西班牙各地爆發的猶太人迫害中喪失了愛子，從此開始與基督教徒，特別是被稱為「converso」的猶太人皈依者展開激烈的宗教論爭。然而，這種與基督教世界的對峙，也在他的哲學思想中引入了來自基督教的影響。

在克雷斯卡斯的主要著作《主之光》中，他對邁蒙尼德思想的基礎——亞里斯多德主義提出了批判，其中對自然學的批判尤為重要。亞里斯多德的世界觀將存在視為運動，認為在因果連鎖的終點，存在著作為第一因的神，同時也否定真空的存在。對此，克雷斯卡斯提出了批評，並承認真空的可能性，這為空間帶來了新的理解。根據亞里斯多德的定義，空間是指占滿物體的場所，即某物體與包覆它的物體之間所構成的境界，因此並不存在真空。相對於此，克雷斯卡斯主張存在物體不存在的空間（即真空），認為空間是先於萬物而存在的，而且是無限擴大的。這種看法將世界視為真空空間的無限延伸，形成了一種全新的世界觀。

不僅如此，克雷斯卡斯還基於這種無限的觀念來解釋世界的創造。他認為，無限同樣適用於數和時間。就像空間中存在非物體的真空一樣，數也可以被看作是無數增長的存在，但並非無限。同樣地，時間中也包含著無限，其延續則位於超越的維度之中。換句話說，超越並無限的時間與空間狀態，即在萬物存在之前的實在，才是促成世界創造的基礎。正是透過神的創造，世界才從這種實在的無限中誕生出來。

這種無限的實在是克雷斯卡斯觀點的決定性特徵（《主之光》二：一：六）。克雷斯卡斯不將神視為運動的根源，而是視作愛的源泉。同樣地，人類的目的並不是透過思索來探究知識，而是透過妥拉和傳承來尋求神的愛。神在無限的實在中展開創造，意味著這個世界充滿了神的愛；而神創造萬物的行為，則應被理解為充滿善性的神將自己無限的愛傾注於此。透過將神的根源之愛視為無限的實在，克雷斯卡斯的理解是，創造不僅僅是一個特定時間點的單次行為，而是維持這個世界存在的持續性過程。聖經中呼籲以色列人民敬愛主，並遵守主的誡命與律例（《申命記》十：十二：十三）；換言之，人們以自己的意志去實踐神的命令（戒律），正是對神熱愛的表現。

克雷斯卡斯對於像亞里斯多德和邁蒙尼德這樣致力於知性圓滿、受希臘和阿拉伯哲學影響的猶太哲學，持有極度的懷疑。其中一個原因，很可能是受到當時強調意志重於知性的經院哲學潮流，特別是司各脫思想的影響。此外，被翻譯成希伯來語的伊斯蘭世界猶太哲學的追隨者，常常輕視猶太教的戒律，甚至背離信仰，皈依基督教。克雷斯卡斯親眼目睹了這一在當時西班牙猶太社會中相當嚴峻的問題，因此對此更加懷疑。這種與基督教世界的複雜關係，引領克雷斯卡斯走向猶太哲學的新視域。

哲學在猶太思想文化中的影響——倫理、卡巴拉、基督教批判

自克雷斯卡斯以後，在猶太世界中幾乎沒有再產生具有重大影響力的哲學家。不僅如此，隨著與猶太教這種啟示宗教對立的史賓諾莎（Spinoza, 1632-1677）出現，他撰寫了《神學政治論》，宣稱要將聖經從宗教權威中解放出來，這標誌著中世紀猶太哲學的終結。

然而，透過中世紀思想家的好奇心與努力，深深扎根於猶太教世界的哲學並未像塔木德時代的希臘化思想一樣被徹底排除，相反地，它在猶太教的多樣思想文化中得以傳承。

比方說，巴亞・伊本・帕庫達（Bahya ibn Paquda, ca. 1050-1120）的著作《心的義務》，強調內在靈性的意義，相較於外表的言行舉止，成為了持續至今的猶太教倫理思想的先驅。對伊本・帕庫達而言，實現虔敬與道德生活的關鍵不僅僅是理性，還包括其他因素。他所探討的倫理，不是以現世的情感喜悅來衡量，而是透過理性來認識神，並以此來熱愛神。這種基於理性的對神的愛（即「勤勉」），也會在尊重和愛護自己的鄰人中體現出來。由此可見，獲得倫理的過程與追求靈魂永恆的喜悅密切相關。

一方面，哲學在黎明期的卡巴拉中也以獨特的形式獲得了包容。雖然這兩者常被視為對立的狀態，但納賀蒙尼德（Nahmánides, 1194-1270）接受了邁蒙尼德「所有猶太教戒律都有理由」

的觀點，並試圖探究這些理由背後隱藏的深層意義。在納賀蒙尼德的教誨中，戒律的隱密意義體現了人類宗教行為受神的影響。在卡巴拉的世界觀中，猶太人的罪行與流散（diaspora）狀況被認為是因為在世上顯現的神之世界（以前述的瑟費洛體系為象徵）失去了和諧。而修復這個神之世界的關鍵，就隱藏在猶太教的日常實踐之中。

另一方面，亞貝拉罕・阿布拉菲亞（Abraham Abulafia, 1240-1291）也深入研究了邁蒙尼德的哲學，並從中發展出獨特的卡巴拉，專注於透過知性的完滿來實踐與神的合一。阿布拉菲亞基於邁蒙尼德的預言論，認為要達到知性完滿者的境界，也就是先知的水準，不應依賴希臘的知識，而是應該發掘希伯來文字的內在創造力。為此，他強調必須朗誦一系列的神名並進行冥想。就這樣，西班牙的卡巴拉思想融合了邁蒙尼德的哲學觀念與理論。

不僅如此，在猶太人針對基督教的論駁著作中，也能見到哲學的影響。在雅各布・班・魯本（Jacob ben Reuben，十二世紀下半葉）的《上主之戰》以及普羅菲亞・杜蘭（Profiat Duran, ?-1414）的《異教徒的恥辱》中，這些著作均以聖經和理性為依據，對三位一體、實體變化、道成肉身等基督教教義提出了系統的批判。他們的批評反映了宗教應以理性為基礎的觀念。這些針對基督教的論爭文獻，與其說是對基督教的攻擊，不如說是旨在保護猶太人，抵禦基督教的皈依傳教活動。換言之，中世紀以前被視為他者的哲學，現在反而在守護猶太人與猶太教中扮演了護盾的角色。

確實，自中世紀後期以來，猶太哲學顯著衰退；然而，面對外來思想並不斷吸收的哲學家們，持續對猶太教世界提出挑戰，使得哲學深深滲透於猶太教的文化中，並成為其根基之一，得以持續生存下去。

延伸閱讀

井筒俊彥，〈中世紀猶太哲學史〉（收錄於《岩波講座東洋思想 第二卷：猶太思想2》岩波書店，一九八八年）——伊斯蘭研究的碩學，對中世紀猶太哲學的詳細解說。

朱利葉斯・古特曼（Julius Guttmann），合田正人譯，《猶太哲學：從聖經時代到弗朗茲・羅森茨維格（Franz Rosenzweig）》（*Philosophies of Judaism*，合田正人譯，misuzu書房，二〇〇〇年）——對直到二十世紀初期猶太哲學的全貌進行歷史性的概觀，是這個領域中最重要的著作之一。

市川裕，《猶太教的精神構造》（東京大學出版會，二〇〇四年）、《猶太人與猶太教》（岩波新書，二〇一九年）——從宗教學的視角出發，由長期研究猶太教的碩學所撰的研究著作。該書從歷史、信仰、學術、社會等視角，多方面地探討了猶太教。

赫舍爾（Abraham Joshua Heschel），森泉弘次譯，《邁蒙尼德傳》（*Maimonides: a biography*，森泉弘次譯，教文館，二〇〇六年）——追溯猶太教最偉大思想家邁蒙尼德生平的著作。作者赫舍爾本人也以現代猶太教代表性思想家而著稱。

後記　山內志朗

比利時學者凡·史汀伯根（Fernand van Steenbergen, 1904-1993）著有一部名為《十三世紀革命》（青木靖三譯，misuzu書房，一九六八年）的作品。雖然這部作品如今已經絕版，但若想探討十三世紀的哲學主題，這本書是不可或缺的參考。相比因「十二世紀文藝復興」而受到廣泛關注的十二世紀，十三世紀顯得稍微平淡些。

西方的十三世紀是大學的世紀，也是閱讀亞里斯多德之風盛行的時期。在一二七〇至一二七七年間，巴黎主教艾蒂安·坦皮埃爾對亞里斯多德的著作實施閱讀禁令，但這項禁令有名無實，巴黎大學內仍然持續進行亞里斯多德的講授。

隨著亞里斯多德的禁令實施，其內含的目的論世界觀也受到壓制，為近世機械論式自然觀的誕生鋪平了道路。這一觀點由科學史家皮耶·杜漢（Pierre Duhem, 1861-1916）提出，因此又被稱為「杜漢主軸」。壓制學術自由的禁令，反而成為現代化的催化劑。

如今，「杜漢主軸」已不再受到重視。杜漢所撰寫的《世界的體系》（一九一三—一九五九）共有十卷，引用了當時大量的自然科學著作，讓人深刻體會到他的博學才華。然而，這套著作如今卻靜靜地躺在圖書館的角落，隨著歲月積滿灰塵，昔日的輝煌與當前的被遺忘形成了強烈的反差，讓路過的人不禁感到心痛。

無論如何，十三世紀是精讀亞里斯多德的時代，那麼，亞里斯多德應該如何被定位呢？這正是史汀伯根所關心的問題。他將當時的亞里斯多德主義劃分為幾類：激進的亞里斯多德主義、奧斯定式的亞里斯多德主義，以及基督教式的亞里斯多德主義。

毫無疑問，亞里斯多德在哲學方面的才華令人驚艷。他在生物與植物的分類學中注入了新觀念，而其術語的創造力根本上決定了後來的西方哲學。儘管亞里斯多德在近代遭到否定，但他的影響力直到二十一世紀仍然深深根植於哲學之中。

然而，另一方面，當我們將視野轉向世界時，會發現亞里斯多德的哲學其實也只是特定地區的哲學而已。無論是從鎌倉佛教、中國宋學的發展，還是印度形上學的觀點來看，並不存在足以支撐亞里斯多德框架的普遍性。

事實上，各地的特殊思想群體背後都存在著共同的哲學形式，因此以亞里斯多德來詮釋這些思想的看法仍然是相當可能的。然而，這一點正是未來需要進一步確認的課題。

在閱讀第四卷各位撰稿人的論點後，我驚訝地感受到，世界哲學正是在這裡啟航。探索世界各地思想是否存在共同的根基，這片「未曾涉足的大地」便是我們肩負的使命。這套《世界哲學史》正是為了傳遞這一跨越哲學史波濤的課題而存在的。

能夠傳遞啟航的興奮，實在令人感慨。在此，我要特別感謝不允許下船的乘組員（編輯），以及實際掌舵的筑摩書房編輯部松田健先生。

作者簡介

山內志朗（Yamauchi, Shiro）（前言、第一章、後記）

一九五七年生，慶應義塾大學文學部榮譽教授。東京大學大學院人文科學研究科博士課程中退。專攻西方中世紀哲學、倫理學。著有《普遍論爭》（平凡社library）、《天使的符號學》（岩波書店）、《「誤讀」的哲學》（青土社）、《小小倫理學入門》、《有感的經院哲學》（慶應義塾大學出版會）、《湯殿山的哲學》（普紐瑪社）等。

山口雅廣（Yamaguchi, Masahiro）（第二章）

一九七六年生，龍谷大學文學部副教授。京都大學大學院文學研究科博士後課程畢。文學博士。專攻西方中世紀哲學、宗教哲學。著有《西方中世紀的正義論》（共同編著，晃洋書房）、《哲學世界之旅》（合著，晃洋書房）等作品，譯有《中世紀的哲學：Cambridge Companion》（合譯，京都大學學術出版會）。

本間裕之（Honma, Hiroyuki）（第三章）

一九九二年生，東京大學大學院人文社會系研究科碩士畢、博士課程在學。專攻西方中世紀哲學。著有論文〈關於斯各脫的形相區別：從意義論的觀點來看〉（《哲學》第七〇號）等。

小村優太（Komura, Yuta）（第四章）

一九八〇年生，早稻田大學文學學術院副教授。東京大學大學院綜合文化研究科博士期滿退學。博士（學術，東京大學）。專攻阿拉伯哲學、伊斯蘭思想。著有〈伊本・西那的知識論〉（《伊斯蘭哲學與基督教中世紀Ⅰ 理論哲學》岩波書店）、〈《論純粹善》的本體論（二）Anniyah與Wujud〉（《本體論的再檢討》月曜社）等論文，譯有佛朗索瓦・德羅什，《古蘭經：構造、教義、傳承》（文庫Que sais-je）

松根伸治（Matsune, Shinji）（第五章）

一九七〇年生，南山大學人文學部教授。京都大學大學院文學研究科博士後課程畢。博士（文學）。專攻西方中世紀倫理思想。著有《惡的意義：從基督教視角來看》（合著，新教出版社）、《藝術理論古典文獻選集西方篇》（合著，幻冬舍），譯有阿奎那《神學大全　第二十一冊》（合譯，創文社）等作品。

辻內宣博（Tsujiuchi, Nobuhiro）（第六章）

一九七五年生，早稻田大學商學部副教授。京都大學大學院文學研究科博士後課程畢。博士（文學）。專攻西方中世紀哲學。著有論文〈十四世紀時間與靈魂的關係：奧坎與布里丹〉（《西方中世紀研究》第三號）、〈感覺認識與知性認識的界線：布里丹在《靈魂論問題集》中的認識理論〉（《中世紀思想研究》第四八號）、〈在理性與信仰的夾縫間：布里丹圍繞人類靈魂的問題〉（《中世紀哲學研究》第二四號）等作品。

垣內景子（Kakiuchi, Keiko）（第七章）

一九六三年生，早稻田大學文學學術院教授。早稻田大學大學院文學研究科博士後課程中退。博士（文學）。專攻東洋哲學。著有《圍繞「心」與「理」的朱熹思想架構之研究》（汲古書院）、《朱子學入門》（Minerva書房）等作品。

蓑輪顯量（Minowa, Kenryo）（第八章）

一九六〇年生，東京大學大學院人文社會系研究科教授。同大學院博士課程畢。博士（文學）。專長為佛教思想史、日本佛教。著有《中世紀初期南都戒律復興之研究》（法藏館）、《佛教冥想論》、《日本佛教史》（春秋社）等作品。

志田雅宏（Shida, Masahiro）（第九章）

一九八一年生，東京大學大學院人文社會系研究科專任講師。東京大學大學院人文社會系研究科博士畢。專攻宗教學、猶太教研究。著有《猶太教與基督教》（合著，立頓）、《一神教世界中的猶太教》（共同編著，立頓），譯有哈爾巴達《書籍之民》（教文館）等作品。

佐藤優（Sato, Masaru）（專欄一）

一九六〇年生，作家、前外務省主任分析官。同志社大學大學院神學研究科畢。著有《國家的陷阱》（新潮社）、《自毀的帝國》（新潮社）、《讀書的技巧》（東洋經濟新報社）、《獄中記》（岩波現代文庫）、《宗教改革的故事》（角川書店）、《在階級落差社會中生存下來的閱讀》（合著，筑摩新書）等作品。

佐佐木亘（Sasaki, Wataru）（專欄二）

一九五七年生，鹿兒島純心女子短期大學教授。南山大學大學院文學研究科博士課程中退，京都大學博士（文學）、神戶大學博士（經濟思想）、南山大學博士（宗教思想）。專攻中世紀哲學、思想史。著有《阿奎那的人類論》、《共同體與共同善》（知泉書館）、《阿奎那的法與正義》（教友社）等，譯有《中世紀的哲學》（合譯，京都大學學術出版會）。

小池壽子（Koike, Hisako）（專欄三）

一九五六年生，國學院大學文學部教授。御茶水女子大學大學院人類文化研究科博士課程期滿退學。專攻西方美術史。著有《死者的迴廊》（平凡社Library）、《屍體狩獵》（白水Ubooks）、《發現死亡的美術史》（筑摩學藝文庫）、《邁向「死亡舞蹈」之旅：探訪跳舞的骸骨》（中央公論新社）、《內臟的發現：西方美術中的身體與印象》（筑摩選書）等作品。

秋山學（Akiyama, Manabu）（專欄四）

一九六三年生，筑波大學人文社會系教授。東京大學大學院總合文化研究科博士課程畢。博士（學術）。專攻古典古代學。著有《匈牙利的東儀天主教會：傳承與展望》、《教父與古典解釋：預表的射程》（創文社）、《從律到密：晚年的慈雲尊者》（春風社）、《亞歷山大城的克萊曼特：Stromata（綴織）Ⅰ、Ⅱ》（原典翻譯，教文館）等作品。

年表

＊粗體字為哲學相關事項

	歐洲	北非、西亞、中亞、南亞	中國、朝鮮	日本
1200年	**約1200年，聖阿穆爾的威廉誕生（-1272年）** **大阿爾伯特誕生（-1280年）。** **1200/1年，伊本·阿拉比從安達魯西亞出發，踏上往東方的旅程。** 1204年，第四次十字軍占領君士坦丁堡，建立拉丁帝國。	**1201年，納西爾丁·圖西誕生（-1274年）。** **1204年，邁蒙尼德在埃及逝世。** **1205年，法赫魯丁·拉齊在赫拉特逝世。** **1207年，魯米誕生（-1273年）古納維誕生（-1274年）。**	**1200年，朱熹逝世。** 1206年，成吉思汗建立蒙古帝國 **1209年，許衡誕生（-1281年）。**	**1200年，道元誕生（-1253年）。** **1201年，叡尊誕生（-1290年）。** **1202年，圓爾誕生（-1280年）；宗性誕生（-1278年）。**
1210年	1215年，第四次拉特朗大公會議。 **1216年，道明會創立。** **1217年，文都辣誕生（-1274年）。**		**1210年，知訥逝世。**	**1212年，法然逝世。** **1213年，蘭溪道隆誕生（-1278年）。** **1213年，解脫貞慶逝世。** **1215年，榮西逝世。**
1220年	**約1220年，羅傑·培根誕生（-1294年）斯格特開始翻譯阿威羅伊、亞里斯多德的作品。** **約1225年，阿奎那誕生（-1274年）。** **1226年，方濟各逝世。** 1229年，十字軍奪回耶路撒冷。	**1221年，內沙布爾的阿塔遭到蒙古軍殺害。** 約1221年，成吉思汗軍入侵印度。此後，蒙古軍反覆對北印度展開侵略。	**1223年，王應麟誕生（-1296年）。**	1221年，承久之亂。 約1221年，《平家物語》成書。 **1222年，日蓮誕生（-1282年）。** **1226年，賴瑜誕生（-1304年）。** **1227年，俊芿逝世。道元從宋朝返國，傳播曹洞宗。**

	歐洲	北非、西亞、中亞、南亞	中國、朝鮮	日本
1230 年	1232 年，奈斯爾王朝在格拉那達建立。	1236 年，庫特布丁・設拉子誕生（-1311 年）。 1238 年，尤努斯・埃姆萊誕生（-1320 年）。	1231 年，郭守敬誕生（-1316 年）。 1234 年，金遭到蒙古、南宋聯軍滅亡。 1235 年，真德秀逝世。 1237 年，魏了翁逝世。	1239 年，一遍誕生（-1289 年）。
1240 年	1240 年，亞貝拉罕・阿布拉菲亞誕生（-約 1291 年）。 1241 年，瓦爾斯塔特之戰，蒙古軍擊破德意志聯軍。 約 1248 年，彼得・奧利維誕生（-1298 年）。	1240 年，阿拉比在大馬士革逝世。	1244 年，耶律楚材逝世。 1249 年，吳澄誕生（-1333）。	1240 年，凝燃誕生（-1321）。 1249 年，覺盛逝世。
1250 年	巴黎大學人文學院，將亞里斯多德著作納入課綱。	1250 年，阿拉馬・希利誕生（-1325 年）。 1256 年，旭烈兀率領的蒙古軍，攻陷尼札里派的根據地阿拉穆特堡。 1258 年，伊本・泰米葉誕生（-1326 年）。魯米開始執筆《瑪斯納維》。旭烈兀率領的蒙古軍攻陷巴格達，滅亡阿拔斯王朝，展開大屠殺與破壞。 1259 年，馬拉蓋天文台設立。		1252 年，良遍逝世。 1253 年，蘭溪道隆開設建長寺。

	歐洲	北非、西亞、中亞、南亞	中國、朝鮮	日本
1260年	1261年，巴利奧略王朝奪回君士坦丁堡，重興拜占庭帝國（-1453年拜占庭帝國滅亡）。1265年，但丁誕生（-1321年）。約1265年，司各脫誕生（-1308年），阿奎那開始執筆《神學大全》。			約1262年，唯圓《歎異抄》成書。1263年，親鸞逝世 約1266年，《吾妻鏡》成書。
1270年	1270年，納賀蒙尼德逝世。馬可波羅朝東方出發。約1270年，從這時開始，巴黎大學的拉丁語阿威羅伊主義者開始活躍。1272年，阿布維爾的吉拉德逝世。1274年，第二次里昂大公會議。1270/90年，帕多瓦的馬西略誕生（-1342年）。1277年，坦皮埃爾禁令。	1273年，梅夫拉維教團設立。	1271年，忽必烈定國號為大元（-1368年）。1275年，馬可波羅抵達大都。1279年，元軍滅亡南宋。	1274年，文永之役 1278年，虎關師鍊誕生（-1347年）。
1280年	1285年，奧坎的威廉誕生（-約1347年）。		1280年，郭守敬和許衡完成授時曆。	約1280年，《神道五部書》成書。1281年，弘安之役。1283年，無住《沙石集》成書。
1290年	帕拉瑪斯誕生（-1357/9年）。	鄂圖曼帝國興起。	1294年，孟高維諾大主教在中國傳教（-1328年）。	1297年，大覺誕生（-1364年）。

	歐洲	北非、西亞、中亞、南亞	中國、朝鮮	日本
1300年	約1300年，布里丹誕生（-約1362年）。 里米尼的貴格利誕生（-1358年）。 1304年，佩脫拉克誕生（-1374年）。 1309年，教皇的巴比倫之囚（-1377）。			
1310年		1314年，拉施德丁《史集》成書。	1313年，宋朝滅亡以來便中斷的科舉重新舉行。	
1320年	薩克森的阿爾伯特誕生（-1390年）。尼克爾・奧里斯姆誕生（-1382年）。	1325/6年，哈菲茲誕生（-1389/90年）。		1320年，度會家行《類聚神祇本源》成書。
1330年	1331年，威克里夫誕生（-1384年）。 1337年，百年戰爭開始（-1453年）。 約1337年，靜修論爭（-1351年）。	1332年，伊本・赫勒敦誕生（-1406年）。		1330年，吉田兼好《徒然草》成書。 1333年，鎌倉幕府滅亡。建武新政。 1336年，南北朝分裂。
1340年	約1340年，克雷斯卡斯誕生（-約1410年）。 1347年，黑死病大流行（-1350年）。		1346年，伊本・巴圖塔抵達大都。	1344年，夢窗疏石《夢中問答集》成書。
1350年			1351年，紅巾之亂。 1357年，方孝孺誕生（-1402年）。	

	歐洲	北非、西亞、中亞、南亞	中國、朝鮮	日本
1360年	約1360年，卜列東誕生（-1452年）。 1363年，尚・熱爾松誕生（-1429年）。		1368年，元朝大都失陷，明朝成立。	約1360年，《神道集》成書。 1363年，世阿彌誕生（-1443年）。
1370年	1378年，教會大分裂（-1417年）。	1370年，帖木兒王朝在烏茲別克中央地帶成立（-1507年）。	1370年，定下科舉制度。	約1375年，《太平記》成書。
1390年	1396年，尼可波里斯之戰，鄂圖曼帝國大破匈牙利。		1392年，李氏朝鮮成立（-1910年）。 1397年，洪武帝發表《六諭》。	1392年，南北朝合一。 1397年，足利義滿建造金閣寺。
1400年		1402年，安卡拉之戰。	1405年，鄭和遠征南海（-1433年）。	1404年，勘合貿易開始。
1410年	1415年，胡斯遭火刑處死。		1415年，《四書大全》《五經大全》《性理大全》成書。	

國家圖書館出版品預行編目(CIP)資料

世界哲學史. 4, 中世紀篇. II, 中世紀哲學的重生：個人的覺醒 / 伊藤邦武, 山內志朗, 中島隆博, 納富信留, 山口雅廣, 本間裕之, 小村優太, 松根伸治, 辻內宣博, 垣內景子, 蓑輪顯量, 志田雅宏, 佐藤優, 佐佐木亘, 小池壽子, 秋山學著 ; 鄭天恩譯. -- 初版. -- 新北市 : 黑體文化, 遠足文化事業股份有限公司, 2025.01
面；　公分. -- (空盒子 ;7)
ISBN 978-626-7512-38-8(平裝)

1.CST: 哲學史 2.CST: 文集

109　　113018620

黑體文化　　讀者回函

空盒子7

世界哲學史4中世紀篇（II）——中世紀哲學的重生：個人的覺醒
世界哲学史4中世II個人の覚醒

作者・山內志朗、山口雅廣、本間裕之、小村優太、松根伸治、辻內宣博、垣內景子、蓑輪顯量、志田雅宏、佐藤優、佐佐木亘、小池壽子、秋山學｜編者・伊藤邦武、山內志朗、中島隆博、納富信留｜譯者・鄭天恩｜監譯・山村　｜責任編輯・涂育誠｜美術設計・林宜賢｜出版・黑體文化／遠足文化事業股份有限公司｜總編輯・龍傑娣｜發行・遠足文化事業股份有限公司（讀書共和國出版集團）｜地址・23141新北市新店區民權路108之2號9樓｜電話・02-2218-1417｜傳真・02-2218-8057｜客服專線・0800-221-029｜客服信箱・service@bookrep.com.tw｜官方網站・http://www.bookrep.com.tw｜法律顧問・華洋法律事務所・蘇文生律師｜印刷・中原造像股份有限公司｜排版・菩薩蠻數位文化有限公司｜初版・2025年1月｜定價・420元｜ISBN・9786267512388・9786267512517（EPUB）・9786267512500（PDF）｜書號・2WVB0007